城郊新农村建设丛书

城郊农村如何搞好农产品贸易

编著者

李兴稼 刘瑞涵

李 萍 郑春慧

金盾出版社

内 容 提 要

本书为“城郊新农村建设丛书”中的一个分册。书中着重介绍农产品贸易的市场调查、市场选择、营销策略、商务谈判的方法与技巧、风险的防范以及提高农产品质量的途径等，语言通俗简练，适于农业从业人员、农牧技术人员、农产品营销人员和基层政府有关部门人员阅读参考。

图书在版编目(CIP)数据

城郊农村如何搞好农产品贸易/李兴稼等编著. —北京：金盾出版社，2006.3
(城郊新农村建设丛书)
ISBN 978-7-5082-3940-8

Ⅰ.城… Ⅱ.李… Ⅲ.农产品-市场营销学-研究-中国
Ⅳ.F724.72

中国版本图书馆 CIP 数据核字(2006)第 012178 号

金盾出版社出版、总发行
北京太平路 5 号(地铁万寿路站往南)
邮政编码：100036 电话：68214039 83219215
传真：68276683 网址：www.jdcbc.cn
封面印刷：北京精美彩印印刷有限公司
正文印刷：京南印刷厂
装订：桃园装订厂
各地新华书店经销
开本：850×1168 1/32 印张：3.875 字数：94 千字
2009 年 6 月第 1 版第 3 次印刷
印数：17001—32000 册 定价：6.50 元

城郊新农村建设丛书编委会

序

全面建设小康社会重点在农村，难点也在农村。党中央审时度势、高屋建瓴，适时提出建设社会主义新农村的重大历史任务。党的十六届五中全会提出社会主义新农村建设的宏伟目标是：生产发展、生活宽裕、乡风文明、村容整洁、管理民主，这五个方面体现了经济建设、政治建设、文化建设、社会建设四位一体的发展布局，为我们清晰地勾画出了社会主义新农村的美好前景和实现途径。

多年来，以北京农学院院长王有年教授为代表的一大批长期致力于城郊农业、农民与农村问题以及都市型现代农业研究的专家、学者，一直坚持"立足京郊，服务三农"的方针，以科教文为主导战略，以科教兴村为主线，开展了形式多样的科教兴村富民活动，结合城市郊区的实际情况，摸索出了许多各具特色的解决城市郊区"三农"问题的模式与经验，取得了丰硕的成果。春江水暖鸭先知，党的十六届五中全会决议公布后，他们及时领悟到了党中央英明决策的时代内涵和作为研究"三农"问题的学者所肩负的历史使命。他们深切地感受到，城市郊区与传统意义上的农村具有不同的特点，而且，城市郊区在新农村建设，乃至实现社会主义小康社会宏伟目标方面具有举足轻重的地位。基于上述认识，从 2004 年 4 月开始，北京农学院的部分学者、专家与同样负有使命感的金盾出版社的同志们就开始研究如何编写一套体现城市郊区特点的、适合广大农村基层干部和有一定文化水平农民阅读的普及性丛书，其目的在于认真总结科教兴村的理论与实践，形成规律性认识，从而使全国的科教兴村工作水平不断提高。同时，借鉴近年来涌现出的新理论和新技术，以科教兴村为载体更好地推进城郊新农村建设步伐。因此，编委会以服务城郊新农村建设为宗旨，以强村富民为中心，围绕都市农业、结构调整、科技需求、农产品贸易、组织创新、小城镇建设等热点问题，提炼出 14 个专题，分别成册。

各分册作者均为工作在相关领域教学、科研第一线的中青年专家、学者，他们大多具有硕士、博士学位。他们长期致力于"三农"问题的研究，始终用自己所学的知识服务于京郊大地，把论文写在京郊大地上，对京郊乃至全国农业、农村、农民问题有着深切的感受和较多的关注，在相关领域均做出不菲成绩。在编写过程中，他们融合了北京市社科基金项目"科教兴村的理论与实证研究"取得的成果，以实际、实用、实效和突出新理念与新科技为原则，体现时代性、科学性和前瞻性，融思想的先进性、知识的可读性和实践的可操作性于一体。经过一年多的不懈努力，广泛征求各方面的意见，精益求精，几易其稿，终于完成了编写任务。功夫不负有心人，整套丛书深入浅出，通俗易懂，特色鲜明，针对性和实用性强。

我认为，建设社会主义新农村是一个长期奋斗的过程，需要付出艰苦的努力。改革开放以来，我国人民在党的领导下，凭着自己的智慧、能力和汗水，取得了经济社会发展的巨大成就，也初步走出了一条生产发展、生活富裕、生态良好的文明发展道路。广大农民群众在改革发展的实践中，迸发出无穷智慧，创造了无数奇迹。今天，我们正站在一个新起点上，我相信，这套丛书肯定会成为农村、特别是城郊农村干部与群众的好帮手，对其他地区的农村干部和群众也具有重要的指导意义。

这套丛书也为即将迎来的北京农学院五十周年华诞献上一份

重重的厚礼。我衷心祝愿，北京农学院广大师生能够传承先进文化，推广现代科技，培育新型农民，为社会主义新农村建设做出新贡献，创造辉煌成就。

农业部原副部长
中国农学会名誉会长

二〇〇六年二月六日

目　录

第一章　城郊农村农产品贸易的现状和发展

城郊农村的农产品贸易是指城市郊区(主要是大中城市郊区)农产品的交易活动。这种交易活动往往以地区性批发市场或集贸市场为核心,将生产者与消费者连接起来,形成由产地到消费者的链条。

一、城郊农村农产品贸易的现状与特点

我国城郊农村农产品贸易是伴随农村经济体制的改革和城郊经济的发展而壮大起来的。目前,我国农产品市场体系已初步建立,各类农产品市场已经发展到 27 445 个。其中在东部地区拥有13 180个,占 48%;中部地区有 8 719 个,占 31.8%;西部地区有5 546 个,占 20.2%。从全国看,在农产品的主要产区,大中城市和县城都普遍建立了农产品交易市场。其中批发市场 4 500 多个,年交易额超过 1.3 万亿元,占整个农业总产值的一半。粮食、蔬菜类产品的商品率已超过 30%,畜产品、水产品的商品率超过50%,水果的商品率接近 90%。1/3 以上的农产品实现了跨省消费。据中国统计年鉴记载,到 2003 年,全国亿元以上农产品综合市场有 820 个,年成交额达到 3 007.1 亿元。农产品专业市场(包括粮油、干鲜果品、水产品、蔬菜、肉食禽蛋、土畜产品等)有 378个,年成交额达到1 752.5亿元。尽管全国农产品交易市场遍布城乡,但是亿元以上的农产品综合市场和专业市场绝大多数分布在大中城市及其郊区。城郊农村农产品贸易已成为城郊经济的重要内容。

(一)城郊农村农产品贸易的基本类型

城市郊区农村农产品的贸易基本有两种类型。一种是以零售市场为中心的贸易方式;另一种是以批发市场为中心的贸易方式。

1. 以零售市场为中心的贸易方式 农产品零售市场是指进行农产品小量交易的场所。例如城市郊区农村集市、固定和流动的摊点和小型农产品自选商场等。农户依托这种零售市场销售自产的各种农副产品。也有一些专门从事农产品经销的小型商贩,利用这种零售市场进行从批发到零售的中间商活动。

2. 以批发市场为中心的贸易方式 批发市场是按照批发价格进行大宗农产品交易的场所。批发市场采用的是在生产者与批发商之间、批发商与零售商之间进行大宗农产品买卖的批发交易方式。农产品批发市场的功能在于商品农产品运行中完成从分散到集中、再从集中到分散的运动过程。农产品批发市场具有农产品收购、农产品批转、提供市场信息以及农产品加工贮运服务等主要职能。

近年来,北京、天津、上海、广州、沈阳、武汉等35个大中城市普遍加强了蔬菜、水果、肉类、禽蛋、奶类、水产品等"菜篮子"产品的批发市场建设。许多城市和地区本着因地制宜的原则,多渠道筹措资金,对原有的批发市场进行了改建、扩建和完善。北京、天津、上海、成都、海口等城市建立了国家级的农产品批发市场。沈阳、武汉、西安、南京等城市兴建了区域性的农产品批发市场。这些批发市场的兴建,使农产品的流通能够形成有梯次的覆盖产地和销售地,逐步实现农产品贸易网络化,对促进农业生产的发展,丰富市场供应,发挥了重要作用。

(二)城郊农村农产品贸易的特点

目前,城郊农村农产品贸易具有如下特点。

1. 贸易主体多样化　城郊农村参与农产品贸易的主体很多，包括个体农户、贩运专业户、国有和集体企业、有限责任公司和股份有限公司、外贸出口企业等。多种主体参与农产品贸易一方面有效地扩大了城郊农村的农产品市场，使城市郊区的农产品贸易与国内贸易和国际贸易紧密连接起来。另一方面也形成了农产品贸易中的日益激烈的竞争环境。

2. 以经营鲜活农产品为主　城郊农村的农产品贸易以经营鲜活农产品为主，例如新鲜蔬菜、鸡蛋、水果、新鲜水产品、活禽、花卉等。因此，经营的时间性很强，同时要求经营者具有一定的运输能力和贮存保鲜能力。

3. 贸易活动定位于城市居民的"菜篮子"　城郊农村的农业生产活动主要围绕城市居民的"菜篮子"而展开，特别是大中城市对于城郊农业的基本要求，就是为满足城市供应和城乡居民生活服务。因此，城郊农村的农产品贸易活动也必然定位于城市居民的"菜篮子"，其贸易内容、贸易方式、贸易规模都是根据城市居民"菜篮子"的变化而变化的。

(三)城郊农村农产品贸易存在的问题

当前，我国城郊农村农产品贸易主要存在以下问题。

1. 零售市场数量多，规模小，分布散　从总体上看，城郊农产品零售市场品种过多，规模过小，分布过散，这种状况严重阻碍了城郊农产品市场向规模化、集约化、多功能、高效益的方向发展，难以对进入市场的经营者进行有效的监控。一些不法商贩制造和出售假冒伪劣农产品及其加工品，给消费者带来严重的危害。欺行霸市的现象也屡禁不止，给城郊农民进入市场形成了许多的障碍。同时，市场交易环境比较差，污水和垃圾充斥，声音嘈杂、刺耳。

2. 批发市场综合服务能力低　目前城郊大多数的批发市场还处于低水平的初级发展阶段，管理水平、综合服务能力低，市场功能不健全，只有极少数市场拥有贮藏、加工能力和信息开发利用能力。农产品批发市场的交易方式和结算方法多数处于落后状态，计算机联网、电子结算卡的运用仅在极少数市场中处于试用阶段，大多数市场以现金交易为主，信息服务停留在市场内原始数据统计上，市场之间缺少信息交流，市场信息服务处于空缺状态。

3. 绿色通道不畅，交易成本偏高 由于交通运输条件的限制，以及地方保护意识，致使城郊农产品进入市场的绿色通道不畅，一些地方有严重的地方保护意识，农民进入市场要缴各种费用，使交易成本偏高。

4. 农产品的营销组织化程度低，出口贸易困难 目前，城郊农产品的生产特点是品种多、规模小、经营分散、产品标准化程度低，因而组织出口贸易有较大的困难。

二、城郊农村农产品贸易的发展趋势

经过近20年的发展，全国大中城市郊区基本形成了各具特色的农产品贸易中心。农村城市化的发展使得城郊农村农产品贸易出现了新的发展趋势。

（一）农产品交易市场的发展趋势

1.“农改超”使城郊农贸市场转型 “农改超”，意即把农贸市场改造为超级市场，通过一系列的规划改造，使生鲜食品超市逐步取代原先农贸市场的功能。近年来，我国连锁超市经历了一段时期的快速发展，在农产品的终端销售渠道，已形成了农贸市场和连锁超市生鲜区并存竞争的局面，一些大中型城市的大型综合超市生鲜经营占据了相当的市场份额，对城郊农贸市场形成了挤压。加上消费者对于食品安全的关注，对于购物环境的要求日益提高，使得“农改超”成为一种发展趋势。

“农改超”不仅能改变消费者的购物环境，更重要的是能使农贸市场形成公司化经营，由企业规范管理，统一合理地配置资源。企业法人接受政府、社会和消费者的监督，对成千上万名消费者承担法律责任，从以往农贸市场“卖商品”，转变为农贸超市“卖商品加服务”。

2. 对农产品交易市场监管规范化 城郊农村农产品贸易面对着日益规范和严格的市场监管。农产品市场监管主要从建立市场准入制度入手，在产地和销地市场两个环节实施农产品质量安全控制。例如，农业部曾经在北京、天津、上海、深圳 4 个城市开展了“新世纪无公害食品行动计划”的试点，加强了对于大城市郊区农产品质量标准的市场监管。

3. 通过建立物流中心，推进产加销一体化 城郊农产品贸易活动要求有发达的物流业作为基础，将鲜活食品原料的生产与加工、贮藏相结合，形成产加销一体化的贸易格局。发展城郊农产品物流要研究不同农产品的不同物流运作模式，培育与发展农产品物流组织，建立农产品批发市场物流体系和农产品物流信息平台。

(二)如何推进城郊农村农产品贸易

推进城郊农村农产品贸易是一项系统工程，要求从生产到消费的全程努力，除了在宏观层面需要政府制定和推行有利于城郊农村农产品贸易的政策以外，在微观层面也需要经营者做好以下工作。

1. 做好农产品贸易的市场调查 生产者和中间商都要做好农产品贸易的市场调查。运用科学的调查方法，及时掌握市场变化的信息，对市场供求趋势进行预测，准确地把握农产品市场变化的脉搏。做到根据市场需求安排农产品的生产和销售。

2. 做好农产品贸易的市场选择 在细分市场的基础上，做好农产品市场的选择是经营者成功的关键。确定目标市场后，要进一步做好农产品的市场定位，使所经营的农产品与目标顾客的需求相适应。

3. 确定正确的农产品营销策略　农产品营销策略包括产品策略、价格策略、渠道策略和促销策略。这些营销策略从原理上看，与一般商品的营销策略没有什么两样，但是必须充分考虑农产品的特点来加以确定。

4. 学会农产品贸易的商务谈判　在农产品贸易活动中经营者要与不同的企业和个人打交道，因而必须学会农产品贸易中的商务谈判，包括熟悉谈判的程序和商务谈判的主要内容，掌握谈判的技巧。争取在谈判中获得最大的利益。

5. 懂得回避农产品贸易中的风险　农产品贸易活动是存在一定风险的，尤其是在农产品的国际贸易中往往存在较大的风险。因此，经营者要了解在农产品贸易中存在哪些贸易风险，学会如何利用国际贸易规则回避风险。

6. 不断提高农产品质量　农产品质量是农产品贸易的物质基础。尤其在我国当前的农产品市场上，食品安全问题已成为农产品贸易活动的首要问题。经营者只有把质量放在第一位，才可能获得消费者的信任，从而扩大市场份额，提高农产品的市场竞争力。

第二章 注意农产品贸易的市场调查

一、农产品市场信息

市场调查的主要目的就是收集、整理分析并利用市场信息，从而为做出正确的经营决策提供依据。因此，在进行市场调查之前，首先需要搞清楚什么是市场信息，市场信息有哪些特征、内容和作用。

（一）市场信息的基本内涵与特征

1. 市场信息的内涵 所谓市场信息就是对市场活动中各种要素的组织状态及其属性的客观描述，是对有关市场上各种发展变化和特征的真实反映。对这些状态、属性和特征的描述与反映，使人们从不确定中得到确定。比如人们通常所说的“市场供给与需求的矛盾缓解了”、“某农业企业经营情况改善了”、“某产品在市场上比较畅销”、“某地区的农产品贸易规模将不断增大”等，这些对市场活动现状或发展趋势与特征的描述，都是在传播种种市场信息。对于市场的属性和特征，从时态来看，有过去的信息、现在的信息并涉及未来预测情况的信息；从范围来看，有整体信息、局部信息和个别信息。如全国所有城郊市场信息相对某城市郊区市场信息而言是整体信息，而某城郊市场范围内涉及某村镇市场的信息则属于个别信息。因此，市场信息在时间上既可以反映过去的情况，又可以描述目前现状和未来发展趋势；在范围上既可以反映整体市场情况，又可以描述与局部区域或个别产品相关的市场事件或某些状态。

市场信息所反映的市场变化和特征，不仅包括人们能直接觉察到的市场状况，如产品产量、质量、品种规格、市场供求和价格、利润、税收、信贷等，而且还包括制约和影响市场的社会因素、政策因素、自然条件因素、国际因素，等等。同时，市场信息不同于自然信息，它是人与人之间、各市场要素之间、管理主体与客体之间的状态反映，具有明显的社会性。

2. 市场信息的特征 就市场信息的一般特征来说，主要表现在以下几方面。

(1)真实性 它指市场信息是客观如实地反映市场事件的状态和变化，不能人为地夸大和缩小，或在加工整理时被修饰和改变。因此，描述与反映市场信息的具体要求一般有四个方面：第一，对信息产生的时间、地点、经过和活动主体都要准确无误地反映出来。第二，所描述和反映的环境、条件、因果关系和制约因素等都必须真实可靠，其中不能有虚假信息。因此，在筛选整理市场信息时，要存真，消除假象。只有准确可靠的信息，才能保证有正确的判断，才能为实践的需要服务，否则信息不真实，就会导致决策失误。第三，各种有关数据必须准确。第四，要求反映信息的语言要确切，不能含混不清。

(2)时效性 时效性是指信息从发出、经过传递，到接收、加工以至利用的时间间隔期及其效率。现象变化越快，信息的时效性就越强。一般地说，信息的寿命比较短，随着时间的推移，信息价值会丧失，错过时机会使信息无用。比如说，对于“市场上某农产品正畅销”这条信息，如果不能及时向市场提供这种产品，很可能过不了多久，随着市场行情的快速转变，这个信息就会失去参考价值，甚至依据它做的决策会带来损失。由此可见，信息的时效性要求人们尽可能迅速地收集、加工、传递和应用信息。同时要在市场发生大变化前，能够预先洞察出市场发展趋势，采取有效措施，以适应这种变化。

(3)更替性　更替性指信息的更新。社会再生产过程的每一次循环都不是简单的重复,随着技术的不断进步及其成果应用于经济运转过程,过去的信息也就不断老化,这就需要对市场中新的属性和特征进行描述,以更替老化的信息。

(4)效益性　效益性是指一定时间内用尽可能少的费用获得或传递尽可能多的有用信息。收集传递一定量的信息所耗费用最小或者用一定量的费用收集传递的信息最多,就是说信息的效益性高。因此,在收集信息前,首先应明确对信息的需求,问一下“我到底最需要哪些市场信息”,然后再选择最需要的信息进行收集、加工、传递和应用。

由于农业生产的特点,使农业市场信息除了具有市场信息的一般特征外,还具有其本身的一些特点。

①地域性和季节性强　由于不同地区的自然、经济、技术等条件存在差异,同一信息对不同地区的作用也就不同,试图用一种信息去调节不同地区的农业经济活动,必然导致不良后果;又由于受自然环境因素的影响大,信息活动必须依赖于自然环境的变化而进行。

②随机性、模糊性和分散性强　农业经济系统极为复杂,人对该系统作精确判断的能力较低,决定或影响农业市场信息的因素既有自然因素。又有经济因素,是生物生产、资源开发和经济增殖的集合体,自然生产因素与经济因素交织在一起,使相关信息表现出极为强烈的随机性和模糊性。同时农民又是在极广阔分散的土地上进行农作,使信息的发出、传递、接收和应用本身就比较分散,加之一些地区交通、通信不够发达,更加剧了市场信息的分散性。城郊农村地区进行农产品贸易前收集信息时,要充分利用靠近城区的这种地理、交通和通信等条件相对发达的优势,有效降低农业市场信息的这种随机性、模糊性和分散性。

③信息涉及的时限较长　农业生产由于受生物生长周期相对

较长的限制，使反映产品生产、交换和消费等相关信息的收集、传递和利用不仅与一个生产周期有关，而且也会对长远多个生产周期有所影响和反映。

（二）市场信息的内容与作用

1. 市场信息的内容　市场信息在内容上主要包括下述六个方面。

（1）产品信息　产品信息主要包括产品生产供应的数量、质量、品种和规格信息以及产品的生产技术信息等。对农产品来说，其产品的生产技术信息主要指国内外同类产品的生产科技发展水平与方向、农业生产技术人员所掌握的技术水平、农业劳动者对产品生产环节涉及的各项技术的熟悉和应用程度、农业科技成果的应用及推广情况等。

（2）市场需求信息　此类信息着重关注于市场购买力和市场购买动机、需求偏好与需求趋势等信息。而影响市场购买力和购买动机的因素又十分复杂，其中价格和收入水平是重要的影响因素，此外，人们对产品的需要程度、替代品的价格、对未来供给情况的推断等都对市场需求有影响。对城郊农产品生产经营者来说，由于这里背靠城市，因而该城市的经济发展水平、居民收入状况和购买力、消费心理与消费习惯以及消费方式等对农产品的市场销售就具有更大的影响。

（3）市场供给信息　市场供给信息实际上是市场竞争信息，它包括市场上同类产品供给者（竞争者）的基本情况、竞争能力和竞争者的发展动向。涉及竞争者基本情况的信息有：同类农产品生产经营者的数量、主要分布地区、产品数量、产品销售情况和市场占有率等。竞争能力信息包括：生产经营规模、技术水平及装备、农业生产资源或资料的供应来源、服务工作等。竞争者的发展动向信息有：竞争能力的变化情况、新产品开发动向、市场营销能力与动向、技术采用动向、潜在竞争者的动向等。

(4)市场价格信息　市场价格信息包括:产品的出厂(产地)价、批发价、零售价的水平及变化,商品的比价和差价的水平及变化,价格目标和价格策略,价格对供求关系的影响程度等。

(5)生产资源信息　农产品生产资源主要指从事农产品生产活动所利用或可利用的各种资源。概括起来主要包括两大类:自然资源和社会经济资源。自然资源指自然界存在的,可以作为农业生产原材料的那些自然因素和自然力,如农产品生产所必需的气候(如光照、温度、降水量等)、地理(包括土地的数量和质量、地势地貌等)和生态与环境等自然禀赋现状;而农业社会经济资源是人类自身通过劳动而提供的资源,包括人们投入的劳动力、生产工具与装备、生产资料及能源等物质资源供应水平,以及人们对农业生产活动所进行的组织、指挥和协调与管理手段、社会的科技水平,等等。资源的数量和质量决定和影响着农产品的品种、质量、市场销售和生产经营的规模。资源信息包括有关资源的数量、质量及供给渠道、资源转化为产品的类型、资源的优化组合与开发利用情况等信息。

(6)社会信息　社会信息主要包括社会政治、经济和文化状况。社会政治信息是政治形势变化的反映。如农业政策、法律等情况及其所产生的影响。在涉外的经济业务中还包括涉外国家间的政治信息。社会经济信息反映经济的变化和特征,包括社会经济战略、国家计划、投资动向、产业结构情况;财政、信贷、外汇、物资、劳动力的平衡状况;价格、税收、信贷、劳动报酬等经济政策情况;经济发展趋势、经济增长速度、财富的占有与分配情况。而社会文化信息主要包括消费者和用户的文化教育状况、人们的传统、礼仪、审美观及价值观情况;民族、职业、风俗习惯,等等。

2. 市场信息的作用　人们通常把资源划分为物质资源、能量资源和信息资源,由此可见,信息如同物质和能量一样是一种重要资源。信息资源不仅能调节、控制其他资源向合理的组合方向配置，而且可以提高经济要素间优化组合后的生产潜力。在实践中，要使农产品贸易管理更合理，就要有大量的市场信息和不断的信息反馈。决策要以信息的形式指导相关生产经营部门实施，实施过程又需要信息反馈来反映决策中的利弊得失，从而使决策不断趋于合理化。市场信息的具体作用主要表现在以下方面。

(1)信息是正确进行市场决策和计划的前提与基础　市场决策和计划要求不断地获得信息、加工信息和进行信息反馈。人们在计划与决策前，必须掌握内外环境条件变化的信息，以便制定可供选择的多个方案。信息不全不准，就制定不出多个方案；同时，在方案的选择和实施时，也要利用信息对各种方案的好坏和实施中的问题做出评估，以便取得理想的结果。决策与计划的正确与科学程度，取决于信息的完整性、准确性与及时性，在信息不全不准或不及时的情况下做出决策，必然导致失误。

(2) 市场信息是管理市场的有效手段　市场管理过程中，人力、物力和财力的组织与协调，要靠信息的输入和反馈。例如，为了保证农产品的质量稳定和销路顺畅，就要不断收集消费者对产品质量的反映及改进意见等信息，同时更要注意消费需求趋势和动向，以便提供适销对路的农产品作为贸易对象。

(3)市场信息是连接农产品贸易各管理与工作环节的纽带　农产品市场贸易管理有不同的层次结构，每一层次的管理都有其相应的具体工作环节，信息起到上传下达、沟通联络的作用。上一级管理层次对下一级层次的指令、指导和宏观控制(如贸易政策中对农产品生产结构的调整走向、贸易扶持政策中的生产者补贴、配套的财政、信贷、价格和税收措施)，要靠下行信息流来传递。而下级管理层次对上级层次的指令意图执行情况的反馈，则靠上行信息流进行。这样，就把整个市场活动主体(如相关管理部门、生产企业或个人、消费者及市场等)的众多层次连成一个整体，形成农产品贸易管理的一个总系统。

二、市场调查的含义与作用

(一)市场调查的含义

农产品生产经营者应当将市场看作全部生产经营活动的起点,依据市场需求安排农产品的开发、生产和销售。有效地农产品贸易活动必须建立在对农产品市场信息进行分析与研究的基础之上,而进行市场信息分析的前提就是市场调查。那么,什么是市场调查呢?

市场调查主要是指运用科学的方法和适宜的手段,系统地收集、整理、分析和报告市场上关于需求、供给、生产、价格和销路等与经营目标有关的市场信息的系列活动。对城郊农村来说,与农产品贸易相关的市场调查更多的是利用邻近城市信息资源丰富的优点,主要针对农产品市场贸易过程中所需要的相关信息展开调查活动。比如在进行农产品贸易之前,首先要打听一下市区或所在郊区的市场上哪种农产品比较受欢迎且容易销售、哪种产品更容易卖个好价钱、具体在什么地方产品更好卖、生产或销售这种农产品的经营者有多少、产品的主要来源是哪里等,然后对收集到的这些市场信息进行整理与分析,最终为合理安排下一步农产品贸易与经营计划打基础。

(二)市场调查的作用

为什么要进行市场调查呢?以前我们说“没有调查就没有发言权”。在农产品贸易竞争日益激烈的今天,可以说,没有调查就很可能要承担更大的市场风险。只知道埋头搞生产,不注意抬头看市场需求,到头来不但赚不到钱,很可能要把投入生产经营中的本钱赔掉。作为农产品生产经营主体，无论是个体农户、农业企业还是农产品经销商，要想在农产品贸易方面拥有“发言权”，必须首先进行市场调查。

市场调查的核心目的是收集并利用好市场信息这一重要资源，为提高农产品贸易效益服务。因此，通过市场调查来充分发挥市场信息资源的经济潜力，恰好体现了市场调查的重要作用。首先，市场调查是进行正确经营决策的前提和基础。作为从事农产品贸易的生产经营者来说，只有开发经营适销对路的农产品，做到生产和需求相结合，才能有效避免出现“卖难”问题。要做到决策正确，做好前期的市场调查是很重要的，特别对不耐贮藏的鲜活易腐类农产品来说，做好市场调查这个基础性工作，是保证产品及时销售出去的重要环节，它对有效减少农产品贸易过程中的经济损失、降低农产品经营中的市场风险具有非常重要的意义。其次，准确及时的信息就是效益。能够保证产品顺利销售出去是实现农产品贸易的基本目标，这固然重要，但同样是销售产品，如果能准确及时地获取到全面正确的市场信息，从而选择到能够卖上相对较高价格的销售地点，或者在行情较好的恰当时机销售产品，其效益就会明显提高。生产经营主体通过市场调查可获得影响市场需求、供给的各个有关因素的第一手情报资料，从而做出有关新产品开发、新技术采用、产品定价、合理销售渠道选择等多方面的决策，这就为企业进一步开拓市场而提高经济效益奠定可靠的基础。同时，在市场调查过程中，一方面可以及时发现市场机遇，为利用和创造新贸易机会提供可能，另一方面也能够察觉贸易中存在的问题，进而做到及时避免或减少贸易损失。

三、市场调查的内容、方法与程序

在了解市场调查的含义和作用后，我们在调查前还必须解决调查什么、用什么方法来调查以及如何实施市场调查等问题。

(一)市场调查的内容——调查什么

市场调查的内容十分广泛，到底主要调查什么呢？结合市场信息的内容和农产品贸易的目的，主要调查内容可考虑以下几个方面(图 2-1)。

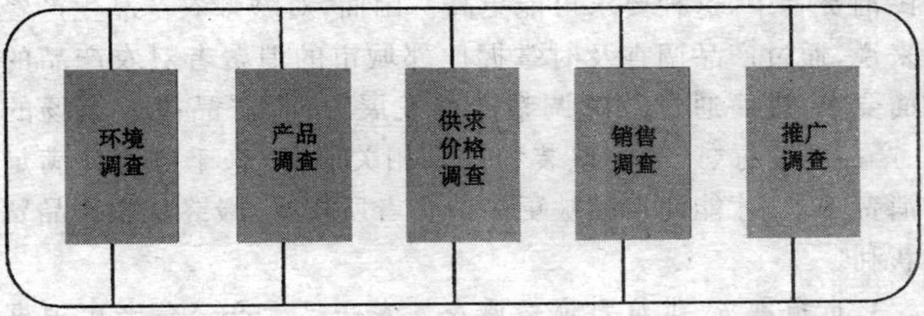

图 2-1 市场调查内容

1. 市场环境调查　市场环境包括政治、经济和社会等环境。例如，国家制定的关于农业的经济政策与法令，经营同类农产品的农业企业或农户的经营动态与市场竞争状况，农业科技运用与发展的新趋势，消费者的收入水平与变化情况，消费者的教育水平、消费习惯与生活习俗，等等。对城郊农产品生产经营者来说，重点可关注所属乡镇和所邻近城市的收入与消费水平、相关农产品的经营竞争是否激烈、如何利用好比邻城市的信息丰富、交通运输便捷和消费市场规模相对较大等优势。

2. 产品调查　产品是贸易的对象和连接供求的纽带。消费者需求的满足是通过提供适当产品来实现的。只有向市场提供适销对路、价格合理、购买方便的产品，贸易才能顺利进行，否则就要危及生存。因此，农产品生产经营者应通过市场调查，了解消费者对产品质量、包装、价格、消费形式等方面的需求意向及变化趋势，由此为开发新产品及改造老产品提供依据，使自己在农产品贸易中立于不败之地。

贸易中农产品不仅仅指产品实体，而是指向市场提供的能满足人们某种物质和精神需要的相关物品或劳务，包括产品的安全、口味、生长形态、商标和包装等。消费者消费农产品，一方面是为了解决温饱问题，重要的是随着收入和消费水平的提高，对产品的安全性能和提供的精神享受有较高要求，特别是在较发达的城市居民消费者中，这种要求可能更高。因而，对城郊农产品生产经营者来说，通过产品调查及时掌握比邻城市的消费者对农产品的各方面要求，进而通过及时调整产品发展方向、产品投放市场的时机、产品的商标、产品的包装和提供相关服务，来千方百计满足这种消费需求，才能使产品被更多消费者所接受，最终从农产品贸易中获利。

3. 市场需求、供给和价格调查 农产品生产经营者可根据贸易需要，选择市场调查内容并确定重点。但不论调查哪些问题，对市场需求、供给和价格的调查与分析是贸易中极为重要、且不可回避的因素。

需求调查可以从整个市场的角度了解不同地域或地区对相关农产品的消费需求品类与结构、消费偏好、购买能力、需求数量和购买与消费习惯等。例如，不同地区消费的农产品从大类看主要是牛奶、禽畜肉、禽蛋等动物性产品，还是粮食、果菜和花卉等植物性产品；产品消费群体在大城市、中小城市和乡镇等不同地区时，在收入水平和购买力、产品消费量上的区别有多大，消费者对产品质量、品种、价格、包装、销售地点方面有哪些不同要求和特点，等等。从市场整体上对需求的调查可以发现机遇，从而洞察出某农产品在需求上有哪些未被满足的空间，进而在条件可能的情况下利用市场机会拓展贸易方向。对城郊农产品生产经营者来说，需求调查也可以重点关注所属乡镇或所邻近城市消费者的收入与消费需求现状和发展趋势，充分利用好比邻城市信息丰富通畅、交通运输便捷和调查相对容易等优势，从中寻找适宜自己利用或开拓的市场需求空间。

供给调查主要是对现实和潜在的农产品贸易竞争者的调查。现实竞争者主要是与自己提供同类农产品，并在相同区域正在争夺市场份额的生产经营者。而潜在竞争者主要是指向市场提供着与自己计划提供的农产品相同或类似农产品的生产经营者，或正在自己计划进入的销售区域销售相同或类似农产品的生产经营者。对竞争者的调查主要了解对方生产经营的优势与不足，他们向市场提供产品的质量与数量、定价水平、销售渠道和促销手段、目标顾客的消费特点与需求意向，等等。通过调查做到知己知彼，结合需求调查，从而找出市场上有哪些没有被满足的需求，在哪些产品或销售地区因产品供给过剩或供给与需求不吻合而使市场竞争比较激烈等。进而结合生产经营能力、优势和不足，扬长避短地确定自身在市场中现实的和潜在的贸易空间。

价格调查在关注现实价格水平和特点的同时，主要是结合供给与需求趋势来判断价格变动趋势。一般规律是：产品供不应求，价格呈上升趋势；供过于求，价格呈下降趋势。价格调查中，对特定农产品来说不可忽视的是了解消费者对现有价格的满意程度和可接受的价格水平，这对制定适宜的价格策略是必不可少的。总之，供求和价格调查是进行市场调查不可忽略的内容，调查的详细内容和侧重点也绝不是一成不变的，必须结合自身农产品贸易目标和市场发展动向随时作具体调整。

4. 销售调研　销售调研主要是争取全面了解并评价农产品贸易经营主体在产品销售活动中的有效性，包括销售业绩、销售产品所占同类产品的市场份额，销售队伍在人员配备与素质等方面的状况，销售的主要渠道和分布情况，不同渠道的销售量和贸易效益，经销商或代理商的经营状况，市场销售区域的划分，等等。通过这些调查改进不足，最终为扩大农产品贸易规模和效益提供依据。

5. 推广调研 推广调研对不少从事农产品生产经营的中小企业或农户来说,是比较陌生的环节。对在农产品贸易过程中没有能力和实力搞产品推广或促销活动的经营者来说,就没有推广调研的内容。对做过推广活动的经营主体来讲,推广调研是为了测试和评估各种推广活动及推广策略的有效程度,包括对所做过的展览、人员推销和大众媒体宣传等推广和促销活动有效性的评价等。目的是通过调查改进不足,提高推广促销效果和相应资金投入的使用效率。

(二)市场调查的方法

实际中的市场调查,按信息资料的收集方法,主要可分为案头调查法和实地调查法两大类别;按调查对象的选择范围又可分为全面调查与非全面调查两种。

1. 案头调查法 案头调查又称为二手资料调查或文献调查,指查寻与调查项目有关资料的过程。这些资料虽是他人为其他目的而收集整理的,但能够用于当前的调查项目。其中有些是公开的或商业化出售的外部资料;有些属于企业或经营者的内部资料,如销售记录、产品流向记录、顾客意见记录等。

案头调查可以在短时间内以最低的成本获得大量的信息,它为调查人员提供一个宏观的信息框架。即使有必要进行实地调查,事先的案头调查也是必不可少的。宏观的信息框架可以使实地调查的目标更加明确,从而节省时间和调查费用。

案头调查的关键是发现并确定二手资料的来源。二手资料的来源很多,归纳起来主要有以下几种。

(1)企业或经营者内部资料 包括经营者的财务收支情况、销售记录、客户关系以及经营者积累的与贸易相关的其他材料等。

(2)政府资料 在农产品贸易中,国家、农业部、林业部和各级地方政府公布的涉及农业的法律法规和农业政策导向资料、定期发布的关于收入、消费支出和产业结构现状及年度统计数据等，都是可靠的资料来源。此外，在农产品国际贸易中，多数政府间相互设立的常驻机构的一项重要职责，就是促进国家间相互的商务往来，从事市场信息和商务资料的收集和传播工作。因此，通过我国大使馆、领事馆、国际贸易促进委员会等驻外的商务机构和外国驻华的商务机构，可系统收集到各国的市场情报，如贸易统计资料、进出口商名录等。

(3)**公开出版物及各种媒体** 如报纸、杂志、期刊、文献、书籍、研究报告、企业名录及行业协会定期收集、出版或公布的行业资料、竞争企业产品目录、说明书和宣传资料等信息；展览会、展销会等公开发送的资料，供应商、经销商及企业情报网提供的信息。

此外，二手资料的来源还有调查或咨询机构、消费者组织等信息来源。在网络时代，各级政府机构、各类公司、大学等均将大量的数据资料登录到电子网络里，利用门户网站，可通过关键词瞬间检索到各种各样的数据资料。另外，还有许多专门化的网络数据库，提供公开的免费信息和需要付费的专项信息和行业报告。调查人员可充分利用网络检索工具获得相关信息。

二手资料毕竟不是为调查者本身关心的具体问题而收集和整理的，因而往往缺乏针对性和时效性。有些二手资料的真实性难以证实，尤其是经过多番转引，断章取义、以讹传讹的现象时有发生。因此，在引用二手资料时，要保持冷静和谨慎的态度，尽量去核实其原始的出处，考察资料的背景和作者的意图。

2. 实地调查法 二手资料通常只作为参考使用，实际经营决策在很多情况下需依靠经过实地调查来获得第一手资料。如目标顾客对经营者提供产品的了解和认识程度、购买意图、消费偏好等内容。

实地调查指由经营者亲自(也可委派人员)调查或委托专门的

调查机构调查，通过口头和书面的沟通以及观察等方式来收集、整理并分析第一手资料的过程。第一手资料的最大特点是真实可靠、针对性和时效性强，获取资料的过程是可控的。但相对案头调查而言，实地调查的花费高、涉及面窄，所以采用这种方法收集信息时应考虑是否能承担得起成本，由此带来的收益可否大于调查成本，而且要认真规划，与案头调查紧密结合。

常用的实地调查方式有询问调查法、观察调查法和实验调查法。

(1)询问调查法　是指调查者以口头或书面形式，通过询问的方式直接向被调查人提出问题，并以所得到的答复为调查结果的市场信息收集方法。这是最常见和最广泛采用的一种调查方法。调查者可以走访被调查者，也可以利用函件、电话询问、小组座谈和问卷调查等方式获得资料。询问法一般请求调查者回答有关调查问题的事实、意见和原因。比如询问了解农产品的实际购买和使用情况，征询用户对产品品种、质量、价格、购买地点等方面的意见，收集用户改变产品需求的原因和购买动机，等等。询问调查比较灵活、直接，资料的真实性较高。但函件调查资料的回收率较低，电话调查又不易使问题得到进一步分析。所以询问调查一定要选择好被调查的对象。

①个人访谈　个人访谈是指调查人员对个人进行单独访问，由调查人员引导被访者就某一问题按照事先拟好的访谈提纲发表意见。这种方式十分灵活，易于操作，被访者的观点不会受到其他人的影响。

②座谈会　座谈会是指由众多与调查问题相关的人员等会集在一起，在调查人员的主持下对某一问题展开讨论。座谈会可以在一般的会议室进行，也可以安排在专用观察室，装备好录音录像设备，记录座谈内容。座谈会能在短时间内广泛收集众多人的意见，但被访者意见的独立性容易受到在场的其他被访者的影响。

以上两种方式也可通过电话或网络的方式进行。另外，在该访谈或座谈中也可以介入一定的辅助手段，如事先安排被访者观看一段录像，或者提供一定的产品或设定一种场景，召开现场使用测试及展示会，安排被访人员到现场观察或试用被测的产品，然后再自由讨论，提出各自的意见和看法。

③德尔菲意见调查　它是指召集企业内部和外部的专家（包括与企业生产经营相关的管理者和各级政府相关工作的管理者）组成专家组，以听取专家的意见。专家之间通常通过邮寄或网络的方式进行沟通，由他们就某个问题，如产品开发、市场开拓等，不记名地提出各自的观点。组织者将他们的意见汇总之后，再次进行交换。这一过程可以继续重复下去，直到达成比较一致的意见为止。

④问卷调查法　问卷调查是系统收集第一手资料最普遍使用的方法，它由一系列的问题组成问卷，目的是从被调查者那里获得答案。为了获得理想的资料，问卷必须经过精心设计，否则就可能导致大量的错误和无用数据，不仅造成资源的浪费，而且可能对决策产生误导作用。为了确保问卷的效果，在展开正式调查之前，有必要对问卷进行全面的检查和测试。

一份优秀的问卷能够切实调动被调查者提供完整和准确的信息。因此，不应把调查问卷看作是一个孤立的工具，围绕问卷还有许多其他方面的内容，比如精心安排的现场操作，给予被调查者一定物质奖励，选择合适的与被调查者的沟通方式，这些都是问卷过程的有机组成部分。问卷设计通常要经历如下的步骤。

确定需要收集的信息，决定被调查者的选择范围和方式；说明问卷的目的及奖励措施，决定问题的形式（如单项或多项选择题、自由回答的问题等）及提问的内容和表述方式；安排问题的先后顺序，决定问卷的具体格式（如式样、颜色、字体等）及被调查者沟通的途径（如电话、邮寄、电子邮件、在线网络等）；测试和修改问卷，正式发放并回答问卷。

问卷可以由被访者自助完成，即将调查表或问卷送到被调查者手中，或放在被访者可能逗留的地方，如产品销售场所、柜台等。这种数据收集方法费用较小，但反馈率很低，一般不到20%。问卷也可由访问员面对面或通过电话征求意见等方式督促完成。

总体来说，询问调查法不仅可迅速获得市场信息，而且能够深入了解被调查者的动机、态度，调查内容相对灵活广泛。询问调查的不足在于，信息的客观性容易掺杂人为因素的干扰，如被调查者对问题理解的偏差或情绪的变化都会影响调查的质量。

(2)观察调查法　观察法是调查者亲临现场从旁观察并记录被调查者行为的一种方法。观察者并不是事先告诉被调查者，也不直接向被调查者提出问题，而是直接观察事实，或通过仪器进行收录，判别被调查者在某种情况下的行为、反应。调查者可以利用各种场所进行观察，如在超市、集贸市场、社区、饭店等相关地点观察不同年龄与性别、不同职业和教育程度，甚至不同民族和国籍的消费者的购买偏好、消费行为和习惯等。例如，调查者可以随机抽取10个产品销售单位或场所，暗中观察顾客在挑选某产品过程中的反应。为了获得真实的信息，应确保被观察对象能够表现自然，没有心理上的拘束。因此，大多数情况下，观察法应避免让被观察对象知道自己的身份。应用观察法要特别注意不要侵犯观察对象的隐私。观察法的独特优势在于，它可以获得人们不情愿或无法提供的信息，如了解消费者对某种农产品价格的反应，可以通过雇用多名观察员，专门以普通购物者的身份深入到产品销售的各种相关场所，观察消费者购物时询价或购买时对价格水平的反应等。

观察法大多用于单一项目调查，如消费者购买习惯、竞争者生产经营现状、市场供给状况等。观察法可客观地记录实际发生的情况，具有较高的准确性。但它无法解释现象发生的原因和行为动机，且获得信息的速度较慢。所以调查人员通常将它与其他方法结合使用。

(3)实验调查法　实验调查法是为了探求事物的前因后果关系而使用的信息收集方法。这种方法需要选定实验对象,设定对照标准,控制实验环境,排除其他的干扰因素。如研究某农产品更换包装会对产品销售量产生什么影响,就可以通过观察更换后的包装与原包装在销售量上的变化来测定。这种方式一般要求针对单一的因素进行测试,而将其他相关因素保持不变。例如,为了测定一种农产品在不同销售地点对销量的影响,可以将产品在不同销售点的价格、品种等因素与其他店面保持一致,观察其销售额的区别,由此决定适宜的销售渠道。实验调查法的范围很广,比如某种商品在改变品种、质量、包装、价格、商标时,都可以先行试验,以了解消费者与市场的反应。我们平常所见到的试销、展销就是商品销售的实验。现在不少农产品经营者还进行产品品尝等实验。

3. 全面调查法　全面调查法又称普查法,是指对调查对象所包括的全部单位,毫无遗漏地逐一进行调查统计,收集相关信息。显然,这种方法的优点是收集的信息全面、细致,缺点是工作量大,耗费的人、财、物太多,时间过长。因此,它一般仅适用于国家或大型行业组织举行的调研活动,最典型的是人口普查。对于农产品贸易经营者来说,如果调查对象为数不多,也可考虑使用这种方法。

4. 非全面调查法　它是指在调查对象中仅选取一部分进行调查,以获得反映调查对象整体特性的相关信息。这种方法可节省人力、物力、财力和时间。非全面调查可以考虑采用以下两种方法。

(1)典型调查　即在对调查对象进行全面分析的基础上,有目的、有计划地选择几个具有代表性的典型单位,进行系统而周密的调查研究。如通过对具有代表性的农户、公司、地区或用户的调查,获得对整体生产、供应和需求情况的基本认识,了解市场的大体趋势。典型调查的好处是调查单位少,情报汇总快,信息比较准确，节省费用。它适用于专业生产性比较强，能比较准确掌握供应面、产品供应比较稳定的企业。

(2) 抽样调查　就是从调查对象总体中随机或按一定的方式抽取一部分样本单位进行调查，以推算总体的状况，它可节约时间和调查费用，一般适用于一些调查对象涉及面广的调查项目。

最常用的抽样方法有随机抽取和定额取样两种。以对消费者调查为例，随机抽样的最好办法就是假设某一特定市场的所有消费者均在一列中，每 10 人为一组，研究员选取第十个消费者做访问，这样就保证了样本的随机性。定额取样是更为实际的做法，可以按一定标准把不同类型的样本对象分组，从不同组中分别选取特定的代表水平。

抽样调查的关键在于所抽到的样本和结果的代表性。理论上讲，样本越多越具有代表性，但调查成本也越大。抽样调查的准确程度与所选调查对象的代表性和被调查人反映事实的真实程度有关。例如，从电话簿中选取对象就会把那些没安装电话或电话没被登记在册的消费者排除在外了；从光顾超市的顾客中选取样本，就把那些通过其他渠道购物的顾客排除在外了。同时，调查对象没有真实回答问题或在记录调查结果时发生疏漏，也影响调查结果。这些是调查中要注意的。

(三)市场调查的主要程序

市场调查的主要程序包括如下六个方面。

1. 明确调查的问题　市场调查的问题很多，涉及面广，不同的问题有不同的调查要求，需采用不同的方法。因此，组织市场调查，必须首先明确调查的问题要达到的目标及时间限制。

2. 确定需要收集的资料　不同的调查问题及目标，对市场情报资料的要求不同，根据问题需要来确定收集哪些情报资料和这些资料的时限。同时还要决定资料收集的方式，比如根据调查总体的大小、时间、经费，确定是用普查的方式还是用抽样调查的方式等。

3. 组织和培训调查人员 调查人员的素质直接影响调查结论的正确程度。因此，有选择地配备和培训调查人员的工作切不可忽视。有些较大型的市场调查，一定要有受过专门训练的专业人员和从事市场工作的具有实践经验的人员参加。

4. 拟定具体的调查提纲 调查提纲要从调查的问题及目标出发，重点突出，尽可能具体，以使调查者乐意合作；调查提纲不但要便于记载被调查者的回答，还要有利于资料的整理和加工。实地调查时，问题应提得鲜明，尽量避免一些笼统、含糊的问题和用一些诱导性或暗示性的词语等。

5. 得出调查结果 调查工作完结后，通过对资料的整理和分析，剔除其中虚假因素的影响，分析判断调查误差，剔除不准确的资料。然后在整理分析资料的基础上得出调查结论，供相关人员参考。

6. 应用调查结果指导实践 对调查报告结果中的结论或建议，如果是正确的，就应设法采纳应用。同时对采纳应用效果予以记载，对出现的问题应及时协调和纠正。

四、市场调查的主体

在了解市场调查含义、内容、方法和程序等问题的基础上，这里还要搞清到底由谁来进行市场调查。一般而言，市场调查的主体主要是农产品生产经营主体以及为之提供公共管理或服务的相关部门。如农民（农户）个人、农产品生产经营公司、行业或合作组织（如农民合作组织）、各级政府的行政或事业部门、专业的市场调查公司等。这些个人、公司、组织或部门可以自己亲自调查，也可以委托专业的市场调查公司为之完成相应的市场调查。

(一) 农民(农户)个人

由农民(农户)进行的市场调查,主要是针对自己生产或经销的农产品而进行的。受个人精力和市场调查能力、财力以及农产品经营范围相对较小等因素的限制,这种调查在被调查的农产品种类、选定的市场区域和收集的信息量等方面涉及的范围一般相对较小。如针对某种农产品市场行情的调查,针对近郊城市中某个特定区域的某产品供求情况进行的调查等。当然,对市场经营能力和实力较强的农产品生产经营大户来说,他所选定的调查范围和涉及的信息量可以相对大些。同时,有实力的农民(农户)还可以委托专业调查公司从事市场调查。

(二) 农产品生产经营公司

农业公司进行市场调查时主要是针对公司自身的农产品贸易情况、经营管理需要等进行。公司可以设立专门的从事调查工作的机构或部门,也可以只安排公司中的一个或几个人兼职从事调查工作。当然,依据新市场开拓的需要或自身财力许可,公司同样可以委托专业调查公司完成调查任务。

(三) 行业或合作组织(如农民合作组织)

与农产品生产经营和贸易相关的行业或合作组织,可以从事与农产品生产经营和市场销售等方面的调查研究。其调查目的和调查范围的确定主要是以满足会员实际需要为依据的。调查方式可以是组织会员亲自实地考察,也可以采用召开座谈会、间接调查以及委托专业调查公司进行系统调查等。一般而言,调研费用可能来自相关政府管理部门的支持,也可能是从会员费用中支付。调研获取的信息由行业或合作组织的成员共享。

（四）各级政府的行政或事业部门

由于一些市场信息的收集不是个人、公司或组织的财力和能力可以完成的，特别是对一些具有公益性质的信息。因而各级政府的相关部门或组织可以承担部分收集、整理和向公众提供信息资源的职能。如村、乡或镇等相关部门为了使本村、本乡或本镇生产的农产品能够销售出去并卖个好价钱，可以进行市场调查，了解并估测一下哪种或哪类产品在市场上可能热销，在哪些区域能够容易卖个好价钱，通过哪种渠道销售更好，等等。同时，一些省、市和县级农业行政部门也在一定程度上进行一些农产品市场行情等信息的调查，并通过互联网或报刊等相关媒体发布一些信息。加强信息服务是各级政府更好行使政府职能的重要内容之一。

一般而言，各级政府的行政或事业部门实施市场调查，收集的信息多属于综合性的。而针对某一种特定农产品或某一个特定的市场进行的市场调查则较少。因而，企业或行业组织等可以针对自己的特定需要，在参考综合信息的基础上，做一些针对自己需要的特定调查。

（五）专业的市场调查公司

专业调查公司从事市场调查的优点是调查经验比较丰富，调查方法、程序等更讲究规范性，调查结果的可信度相对高一些。但委托专业公司调查的主要缺点是由于专业公司一般收费较高，因而使调查成本相对高些。这使得一些实力不足的个人、企业或行业没有条件请专业公司。

企业在实际从事市场调查时，具体委托哪种主体从事市场调查，要依据调查内容、调查范围、调查目的以及调查成本预算等具体情况而定。一般而言，如果需要的调查信息涉及的内容越多、要求信息的准确性和可信度越高，从事市场调查的成本也相应越高。

因而农产品生产经营者在确定市场调查主体时，要综合考虑上述因素而定。

第三章　做好农产品贸易的市场选择

一、农产品贸易的市场细分

世界上任何一个地区或企业，无论他的资源和生产能力如何雄厚，其产品都不可能满足整个市场需求。更何况不同顾客对任何一种产品的需求都有差别。

在农产品贸易中，经营者首先面临的问题是：本企业或地区的农产品在哪里最畅销？哪些顾客会选择购买自己的产品？它们的需要、爱好和购买特点是什么？要想使农产品在市场活动中取得成功，必须了解分析顾客的不同需求情况，并根据自身的条件，选择那些能发挥自己优势的市场作为自身的贸易目标。这种抉择过程就是选择农产品贸易的目标市场。而选择目标市场的前提是进行农产品市场细分。

（一）市场细分的含义

在农产品贸易中，表面上市场需求似乎已经达到饱和，但由于消费需求的不断变化和科技水平的不断提高，新的产品会不断涌现，在这个意义上说市场永远不会饱和，关键在于能否做好市场细分，从而使产品在市场上找到新的生长点，使农产品贸易有的放矢。

市场细分就是把产品的总体市场按顾客需求的差异性分成若干个市场部分（又称子市场），每个市场部分都是由一群具有相似特点、从而具有相似需求的个人或用户组成。这种将产品总体市场划分为若干个子市场的分类过程就是产品的市场细分。例如，对果品市场,可以按顾客所处的地理因素分为本地市场、外地市场和国际市场,或者南方市场和北方市场。这里需要注意的是,市场细分,不是通过对产品分类来细分市场的,而是从顾客的角度,按顾客需求爱好的差别,求大同存小异,来细分市场的。

在市场竞争中,常可以见到一种“猴子与大象伴生”的有趣现象。在我国的一些城市,可能在离超市不远的地方就有临街便利的菜市场,菜市场中的蔬菜,购买方便,价格也便宜,而超市内的食品类柜台中也有蔬菜出售,同类蔬菜在这里出售,质量要求高,价格也比较高。为什么两种场所的产品都有顾客呢?仔细追究,其道理则不言自明:超市内的蔬菜相对干净、容易净化、质量更可靠,部分产品甚至可以即炒即用,对于没有时间更多地放在家务劳动上或不愿做净化蔬菜这种劳动,又在收入上能承受这种相对较高价格且追求商品质量的消费者来说,随其他商品的选购顺便选择超市蔬菜就成了他们的消费习惯,这时候谁会斤斤计较这种价格上的差别呢?而邻近的一些菜市场,虽然他们的商品净化程度低,但价格便宜,对收入不多的工薪阶层或有时间自己净化蔬菜的家庭来说,菜市场自然成了他们光顾的首选。由此看来,超市和邻近的菜市场虽然在销售同样的商品,可是由于顾客的需求不一样,超市的商品虽然较贵,却照样能站住脚跟;菜市场的商品虽然质量和净化程度低些,但价格便宜,也有它自己的消费群体。这种“猴子与大象伴生”的现象,在市场竞争中被称为细分市场。饭店门前摆粥摊,在过去曾经是嘲笑人们不自量力的一句谚语,与班门弄斧是同样的意思,但在今天,由于市场细分的缘故,这句话被赋予了新的涵义。我国的某些大城市比如上海、广州等地,在高级宾馆的周围也有各具特色的小吃店或小吃摊,以各自的风味和相对低廉的价格,吸引着众多的顾客,包括来自宾馆内的客人。市场中,每一个能生存下来的竞争者,都有一个细分市场,特别是对农产品供给者来说,要想在某种农产品市场贸易中立足并获得发展,就必须善于发现已经上市的农产品在满足需求方面的优势或不足，从而扬长避短，发现和选择有利于发挥自身优势的细分市场。

（二）市场细分的依据

一个整体市场之所以能够细分为若干个子市场，主要是由于顾客需求存在差异。俗话说："仁者见仁，智者见智。"农产品贸易经营管理者可以利用顾客中的"仁者"和"智者"对同一农产品看法的不同而进行市场细分。影响顾客需求的因素很多，且消费者市场和生产者市场的顾客需求和影响其需求的因素也各不相同。以下分别讨论对消费者市场和生产者市场进行细分的主要依据。

1. 消费者市场细分的一般依据 消费者市场是由那些为满足自身或家族成员消费需要而购买商品的个人所组成的市场。消费者市场上的购买是一种个人购买，其特点主要是购买者分散、购买批量小、购买目的是为生活中的最终消费而不是谋求赢利等。对消费者市场进行细分主要有如下三个方面的依据。

（1）地理依据 地理依据是按顾客所在的地区和地理条件来划分的。顾客所处的地理位置不同，其需求特点就会因消费习惯、当地习俗、地理气候特点等因素的影响而不同。例如，我国东南部地区主食消费总体上以米类为主，而西北部地区则主要以面食为主。因此，水稻和小麦在这两大地区有着不同的生产与生活上的消费需求。再比如在加工食品市场上，北京的天源酱园与六必居同为北京著名的酱园，而六必居的牌子要比天源酱园老得多。天源酱园创建时，六必居已有 300 多年的历史了，在北京享有很高的声誉。天源酱园经过周密的调查，发现六必居的酱菜以咸为主，是传统的北方风味。然而当时的北京已经不仅是北方人的天下，越来越多的南方人已经进入了北京，南方风味的食品已经在北京有了较大的市场。于是，天源酱园按消费者口味上的地理依据细分市场后，决定投南方人之所好，生产微咸带甜、咸甜适度的南方风味的酱菜。产品投放市场后，果然大受欢迎。天源酱园由于按地理依据有了自己的细分市场，才能与六必居分庭抗争，做到“大路朝天，各走一边；你北我南，各得其所”。不然的话，千军万马过独木桥，天源酱园必定会被六必居这个酱园业中的庞然大物挤下桥去。

在面向世界市场进行农产品贸易时，更要注重不同国家和地区在地理需求和偏好方面的差异。例如，日本日清方便面在大部分亚洲市场均有销售，而它是按各地区需求差异分别进行定制的，如向印度出售方便面的面条长度就要短一些，口味要更香浓，并且要用蔬菜替代肉类，因为印度人不像日本人和中国人一样使用筷子，并且许多印度人是素食者。

(2)人口依据　运用人口依据细分市场，主要根据人口的国籍、民族、信仰、收入、年龄与性别、教育、家庭结构等因素来细分市场。人口依据是市场细分时最常用的依据，一个原因是消费者对产品的需求、偏好和使用频率与人口因素密切相关；另一个原因是人口依据比大多数其他依据更易于测量和描述。市场细分主要就是分析顾客需求的，不同国籍和民族、不同信仰、不同收入以及不同教育程度的顾客，其需求和爱好大不相同。例如，想把生猪和猪肉打入回民集中居住的市场，无疑是白费力气；将绿色食品向不了解它对人体健康和保护环境有益处、受教育程度低或收入水平低的人口密集市场推销，自然也是浪费了人力、物力和财力等资源。

(3)心理依据　即使是年龄、性别及收入相同的消费者，由于其所处的社会阶层、生活方式和性格或个性特征的不同，以及购买目的和购买行为的差异，往往表现出对同一产品不同的需求心理。以心理依据分析消费者的需求和爱好，更有利于发现新的市场机会和目标市场。比如在追求“吃饱”的贫困地区，低收入的消费群体对商品的价格会更敏感，人们的消费心理主要是求廉；而在追求“吃好”的生活水平较高的地区，人们在需求上更有条件关注产品质量、声誉和品牌知名度等。这样一来，优质农产品的市场容量便会在高收入地区扩大。面对低收入阶层的消费者，则要利用他们求廉的心理。例如，在农产品集贸市场上，有人把货分成若干堆，前面立一块牌子，写上几元钱一堆，这种销售就是迎合买主求廉的心理。而面向追求生活质量的消费群体时，则要针对他们的需求特点，在产品质量、特色、价格、包装等方面采取适宜的策略，因为有的消费者购买高档优质农产品，不仅是追求其质量和关注健康，有时还有一些显示其经济实力和社会地位的心理。

下面以某公司运用地理、人口和心理等依据，对亚洲茶叶饮用者消费市场进行细分的例子，说明市场细分依据的实际运用过程。某公司就亚洲茶叶饮用者对茶叶20种属性的重视程度进行了深入细致的市场调查，通过对调查的统计资料进行分析，清晰地发现了两个细分市场：袋茶饮用者和散茶饮用者，至于他们喝的茶产自中国还是西方并不重要。表3-1描绘了两个消费者市场细分的轮廓。其中每个细分市场的规模取决于它所在亚洲市场的区位。例如新加坡，袋茶要比散茶市场大；在香港和马来西亚，情况正好相反。对各个细分市场进行深入的分析，会发现袋茶饮用者一般比较年轻，西方化程度高，追求茶包冲泡的方便性，不愿意自己慢慢地沏茶。他们对茶叶的新鲜度和芳香度也不太重视。显然，任何人都希望能够发现各个细分市场不同的依据特征，最后使细分市场之间不仅具有不同的心理特征，还具有不同的人口特征和消费习惯。调查结果表明：向立顿这样的袋茶应该在年轻的接受过西方教育的消费者常去的超级市场上大量销售；散装茶叶则应该放在药店这样的传统分销渠道中出售，因为那是老年人和传统观念较强的人经常光顾的地方。

表 3-1　亚洲茶叶消费者市场细分轮廓

需求的地理依据	市场细分依据	袋　茶	散　茶
	香港市场	24%	76%
	马来西亚市场	18%	82%
	新加坡市场	85%	15%
需求的人口依据		年轻,西方化	年纪大,传统
需求的心理依据	追求的益处	便于冲沏;卫生	新鲜、芳香;传统,备茶时的享受
	品牌偏好	立顿牌、波克牌等	漂亮女士牌、中国绿茶等

2. 生产者市场细分的一般依据　顾客在生产者市场上购买农产品的目的是为了再生产和再销售并从中谋求利润,与在消费者市场上购买农产品的顾客相比,在购买目的和需求特点等方面都不同。农产品既能作为消费资料供顾客生活消费,又能作为生产资料供顾客从事工农业生产消费。同时,农产品又由于作为农业生产资料(如种子、种苗、种畜和饲料等)和作为工业生产原料进行生产消费的特点不同而有不同的需求特点。

(1)地理依据　地理依据包括国界、地区、气候、地形、交通运输以及生产力布局和自然环境与资源等因素。作为农业再生产资料的农产品,按地理依据细分市场时主要考虑品种对当地的光照、温度、水土等自然与气候资源的适应性,以及当地的农业生产力布局、品种结构、农业科技水平等因素。例如,在温度条件上,茶树和油茶树生长的最低越冬温度平均为−8℃,适于种植的区域是淮河以南。因此,作为生产资料(品种)时它的市场是淮河以南。同样道理,橡胶、椰子和咖啡等品种作为农业生产资料时,其市场则分布在最低越冬温度平均为 2℃以上的闽南沿海、台中、海南、云南南部的西双版纳等地带。作为工业生产原料的农产品,按用户地理位置细分市场时则主要考虑工业用户的集中程度以及交通运输条件和该农产品的供应量等因素。例如,北京市远郊区、县在20世纪80年代生产甜菜作为糖料加工原料时,曾经因为北京地区糖厂少、本地甜菜供应量不稳定,以及当时远郊区、县交通运输条件差使甜菜产品向外运输困难等因素的限制,使北京的甜菜产品在市场中因销售不利而败下阵来。

(2)用户的行业类别 用户所处的行业不同,其需求有很大差异。例如,大麦产品会因为面向食品加工业,用作生产食品的原料和面向酒类生产企业用作生产啤酒的原料,而在需求量、需求的季节分布以及对产品质量要求等方面有很大区别。马铃薯产品同样也会由于用来生产淀粉和用作加工马铃薯片的不同,而有不同的需求特点。

(3)用户的规模 用户的规模不同,其购买力、购买批量、购买频率以及购买行为和方式都不同。例如,规模大的用户通常购买量大,往往要求较低的价格,同时需要较多个人推销的努力,以便提供服务和加强联系,从而保住这个产品市场。

(三)市场细分的意义

就我国来说,20世纪80年代是由于农村经济体制改革所带来的农业生产力大发展的时代;进入90年代之后,随着农产品供应品类的增多和人们生活水平的提高,开始了需求差异化时代。大众市场逐渐变成了分散化的市场,这要求管理者面对市场需求的这种差异,要在实实在在的市场调查基础上注重市场细分。市场细分的作用主要表现在以下几个方面。

1. 市场细分是选择正确的目标市场和制定有效的市场营销组合策略的前提 也就是说,它是使商品更加适销对路的保障。确立了有效的目标市场,会使农产品贸易工作更有的放矢,从而制订适宜的产品策略、价格策略、渠道策略以及相应的促销策略。

2. 市场细分有利于领导者在市场管理中从宏观上更合理有效地配置和利用资源，提高整体经济效益 就农产品贸易来说，农业有限的资源不可能分散在整个市场上，必须根据市场细分，扬长避短，集中有限的人力、物力和财力等资源，面向自己的目标市场生产和销售农产品。这样才能避免贸易风险，从而取得良好的经济效益。

3. 市场细分有利于寻找并发掘新的市场机会 从市场细分中，按人们需求特点的不同可以发现需求没有得到充分供应和满足的人群，这就是农产品贸易发展的机会所在。例如，依据需求心理的不同，在对北京市消费者食品消费意向的调查中发现，90％以上的消费者都能接受绿色食品，而且79％～84％的人希望能在市场上尽快买到这种食品，但消费者的这种需求很大部分并未得到满足，这就给那些通过努力能具备绿色食品生产条件的地区提供了较好的开拓贸易市场的机会。

(四)市场细分的要求

无论从微观上看还是从宏观上看，市场细分都是有利无害的。市场细分的条件是必须保证细分得当。适当或正确的细分必须注重以下要求。

1. 细分必须以市场调查为基础 没有市场调查，就不能全面了解和发现市场上的真实需求情况，细分也就失去了根基。

2. 打算细分的市场必须是需求差异较明显的市场，否则细分将没有任何意义 有时，供应者认为有差异，而需求者并未意识到，这时市场细分的效果就不会好。因此，市场细分时所依据的需求差异必须是消费者所认可的。需求差异的出现与收入水平有直接关系。生活达不到一定的收入水平，差异不会明显。例如，在我国的贫困地区，人们对农产品的需求目的多数只是为了解决温饱，或维持基本的生产需要；在发达地区，人们的需求则在农产品品质、种类、安全等方面有较高要求。

3. 市场细分依据的选择是随着市场的变化而不断调整的 顾客的需求、爱好以及购买行为由于受很多因素的影响而处于不断变化中。因此，细分的依据也应随之改变，并且选用的依据不能太多。要依据少数主要标准与若干次要标准相配合，否则依据选多了，既不实际，也不经济。

4. 细分出的市场，其需求规模要有利可图 细分市场的范围过大，就失去了细分的意义；范围过小，则经济上不合算。例如，要开发某种农产品品种，其应用在生产的地区范围和生产规模只限于面积较小的区域或产量有限的单位，那么所获得的利润将抵不上开发和推广的成本，这种细分出的市场就没有应用价值。

5. 细分市场是一项创造性的工作 任何书本上都不可能列全所有的细分标准，而农产品贸易活动在市场上则具有多样性和多变性。这就要求管理者在理解细分内涵的基础上，结合实际，创造性地选择细分的依据。

二、在细分基础上进行农产品贸易的市场选择

(一)选择目标市场的依据

把一个整体市场划分为若干个细分市场后，受资源及内外部条件的限制，不可能把所有的细分市场都作为目标市场，而是要在综合考虑诸多因素的基础上，在众多的细分市场中选择一个或几个有利于发挥资源优势、最具吸引力、能达到最佳或满意经济效益的细分市场作为目标市场。因此，选择目标市场时主要应考虑以下条件。

1. 市场潜力 被选定的目标市场的现实需求量和潜在需求水

平能符合获利的目标，以利于安排产品供应规模并持续地开拓本市场。如果选定的目标市场的现实需求量不大，会使供给者获利甚微甚至亏损，以至于无法持续经营。例如，以长期生产大众喜爱的质优价实、品种丰富的传统名牌面包而享有“面包王”盛誉的义利食品加工企业，在20世纪80年代末期，为适应国际消费潮流，选择了国内高消费者的需要作为目标市场，断然下马传统面包，改为生产高档精品西点和多功能系列食品，这种盲目追求价高利大的高档时尚、执迷于生产普通消费者可望而不可及的高档产品的做法，使企业不但从昔日的“面包王”成为商旅中的浪子，而且在市场上一步三摇，元气大伤。在饱尝失去市场的教训中，企业体会到：选择目标市场必须从市场需求中最本质的因素出发，即消费群的经济结构以及能体现这一结构的收入差距水平。我国当时消费群层次分界日见清晰，出现两头小、中间大与多极化并存的消费格局，高收入者在当时充其量不过占到3%，这样的高收入消费群体所带来的需求量是无法达到企业的获利目标的，企业的拳头商品依然应该是满足大众消费的大众商品，目标市场应紧紧盯住大多数人的需要，在大目标下，相对选择部分差异性市场，以保证满足不同消费层的需要。基于对选择目标市场的谨慎判断，企业决定恢复以前丢掉的大众所喜爱的传统产品，并对传统产品进行改造。当大众产品重新投放上市后，受到了广大消费者的喜爱。可谓“浪子回头金不换”。

2. 资源实力　资源能否有相关的供应能力是选择目标市场的限制条件。例如，前面提到的绿色食品市场，虽然是个有机会的市场，但并不是适合作为所有农业区域发展的目标市场。对于在水、土、光、温等农业气候和环境资源条件无法达到生产绿色食品要求的地区，就不能盲目地将绿色食品市场选定为目标市场。

3. 市场竞争情况　一个细分的市场，有可能被许多地区、企业或农户个人选为目标市场。如果这个市场上竞争者众多，竞争比较激烈，那么想打入该市场必须先考虑一下自己是否有竞争优势，在这个市场上是否能做得比别人更好。如果没有明显优势，最好不要在这个市场上浪费资源。如果在一个细分市场上竞争者较少或者你的竞争优势不易被别人跟从和效仿，就可以考虑把这个市场作为目标市场。

(二)目标市场的选择策略

目标市场的选择一般有以下三种基本策略。

1. 无差异性市场策略　这种策略强调市场需求的共性而忽视其差异性，因而不进行市场细分，而是将整体市场作为一个大的目标市场，并向市场上生产投放单一的农产品，实施单一的市场营销方案和策略来迎合所有的购买者。这种策略适用于某些通用性和适应性强、需求差异性小且具有广泛需求的产品或劳务。如普通品种的大宗粮食、没有明显特色的畜产品等许多农产品，在许多地区都自觉不自觉地以无差异性策略进入市场。

使用这种策略的优点是：生产品种少，市场面大，有利于降低产品成本和节省贮存、运输、销售以及市场调查与细分的费用，从而以较低的成本在市场上赢得价格低的竞争优势。

无差异性市场策略的缺点是：产品往往不能较好地满足市场不同层次的消费需求，因而产生一种销售空白。一旦市场需求发生变化，其应变能力较差，因而有时会面临较大的市场风险。

2. 差异性市场策略　差异性市场策略是在承认市场需求存在差异的基础上，选择两个或两个以上的细分市场作为目标市场，并针对每个目标市场的需求特点设计生产不同的产品，以不同的营销组合策略有针对性地满足不同的市场需求。例如，同样是生产玉米，如果种植同一类品种的玉米面向市场，是无差异性市场策略。如果分别以高油玉米、青饲玉米、甜玉米、糯玉米甚至爆裂玉米等多个品种，以分别满足玉米油生产原料、青贮饲料、玉米笋生产原料、青煮食用或休闲食品等消费需求，则是差异性市场策略。

差异性市场策略的优点是：面向的目标市场多，市场覆盖面大，有利于在满足不同需求时增加销量。同时，由于不仅仅依赖一种产品和一个市场，对市场需求变化的适应性就有所增强，增加了产品在市场上回旋的余地，俗称为“东方不亮西方亮”。

该策略的缺点是：在生产资源有限的情况下，由于产品种类多而使每种产品的生产批量小、用于促销和产品开发与服务等资金相应减少，容易分散注意力。同时，使生产、管理和销售等费用增多，从而降低了整体经济效益。

企业在选用该策略时必须考虑自身的生产能力和经营实力。这种策略一般适用于实力雄厚、生产管理水平高的地区或企业，而且该策略的应用所增加的经济效益，应该大于由此带来成本费用上升的支出。

当选择差异性市场策略时，不一定面向整体市场中的每一个细分市场，可以根据具体情况选择几个细分市场作为目标市场。一般来说，差异性市场策略又包括完全差异性市场策略、产品专业化策略、市场专业化策略和有选择的专业化策略。

(1)完全差异性市场策略　这种策略是指将整个市场细分后的每一个细分市场都作为目标市场，并为各个目标市场生产和提供不同的产品，分别满足不同目标顾客的需求。例如，某农业企业分别为老年人、青年人和儿童三个目标市场提供具有不同特色的牛奶、水果和蔬菜等不同大类产品，来满足不同消费群体对产品的不同需求。只有实力强大的公司或供应集团才采取完全差异性市场策略。

(2)产品专业化策略　这种策略是把对同类产品有需求的若干不同的细分市场作为目标市场，为不同的目标市场提供同类产品。例如，只对牛奶类产品分别以不同的添加成分、不同的包装与不同的价格组合成各具特色的多系列产品，来分别满足老年、青年和儿童市场的不同需求。这种策略的优点是:产品单一,有利于发挥企业的优势,避免多种类产品生产的一些弊端,并能保持较宽的市场面,扩大了回旋的余地。

(3)市场专业化策略　这种策略是指为一个目标市场也就是同一类顾客群,提供多种产品,满足这一类顾客对产品的不同需要。例如,专门为儿童市场提供各种不同特色的牛奶、水果和蔬菜类产品。为粮食加工企业生产供应各种不同种类和质量的小麦、玉米和水稻产品等。这种策略的优点是适当缩小市场面,有利于发挥企业的生产技术优势,生产多种产品来满足一类目标顾客的不同需要,扩大销售数量,增加销售收入,以避免生产单一产品可能造成的弊端。

(4)选择性专业化策略　这种策略也叫散点式专业化策略。是指在市场细分的基础上,结合经营者自身的实际情况,有选择地放弃部分细分市场,选取若干有利的细分市场作为目标市场。例如,为老年市场提供牛奶类系列产品;为儿童市场生产各档次的水果类产品;为青年市场提供各类蔬菜产品等。这种策略的优点是:避免四面出击、分散精力,以便于集中力量开拓有利的市场,简化经营管理工作,节省费用,降低成本。

差异性市场策略一般适用于生产经营的产品差异性较大以及生产多种产品的企业。

3. 集中性市场策略　集中性市场策略又称密集型市场或产品与市场专业化策略。这种策略是在市场细分后选取一个或少数几个细分市场作为目标市场,以一种市场营销组合,把全部人力、物力和财力集中实施于该目标市场。

采用这种策略,追求的不是在较大的市场上取得较小的市场占有率,而是追求在一个或几个小市场上拥有较高的市场占有率。这种市场策略就像射击,瞄准一个或少数几个目标,力求准确地击中要害,而不是向各个目标射击。用指挥打仗的话来说,就是"集中优势兵力，各个歼灭敌人”的作战方法。

集中性市场策略的优点是：能在仔细透彻地分析并熟悉目标市场需求特点的基础上，集中使用有限的资源发展新产品，实行专业化的生产和销售，更好地满足目标顾客的需求愿望，并同时减少生产及销售等费用。由于是集中力量使目标顾客满意，则有助于地区或企业在局部小市场上获得竞争优势，做到以少胜多。

集中性市场策略的缺点是：对比较单一和狭小的目标市场依赖性较大。这种高度的专门化，使经营管理者“把所有的鸡蛋都放在了一个篮子里”，一旦这个目标市场的“篮子”发生突然变化或被竞争者抢走部分需求，就会因回旋余地小而面临更大的经营风险。这种市场策略一般适用于资金少、规模小、无力顾及更多市场的生产经营者，如个体农户、农业中小企业等。

以上这三种市场选择策略各有优缺点。市场经营管理者是选择所有整体市场全面出击，还是把“鸡蛋分装在不同的篮子里”以备“东方不亮西方亮”，或者是“把所有的鸡蛋都放在一个篮子里”以求集中力量照管好这个“篮子”，就要结合自身的资源实力、产品和市场的特性以及竞争者情况等因素来综合考虑。对于城郊农产品生产经营者来说，通过分析自身所背靠城镇的居民对农产品需求的差异化程度，结合自己的产品供给能力和条件，决定到底应用哪一种市场策略从事贸易活动。

三、实践中对农产品贸易的市场定位方法

市场定位是关系到农产品贸易成败的重要问题。只有定位准确，才能使生产出来的农产品在市场上有一个恰当的位置，从而保证产品顺利销售出去。要准确把握农产品的市场定位，首先需要明确市场定位的具体含义。

(一)市场定位的含义与意义

经营者向目标市场所提供的产品，都会在消费者心目中有一个特定的看法，如产品的质量及其稳定性、产品档次、包装特点，等等。这些看法取决于经营者对产品在市场上的定位。

所谓的产品定位，是确定产品在目标市场上最终位置的过程。其实质是在市场细分的基础上，为更好地适应目标市场特定的需求和消费者的爱好，塑造产品在目标顾客心目中的特定位置，而使自己的产品，包括质量、品牌、包装、促销甚至售后服务等各个环节具有易于被消费者识别的特色。例如，某公司在为其开发的农产品做广告时，选择的背景是蓝天白云下的无边无际的绿色草原，其目的就是告诉观众，他们的产品原产于生态环境良好的区域。由此给其产品定位在天然、环保的“绿色食品”上，从而使其产品在消费者心目中树立了无污染、安全、有利于健康等形象。

产品在市场上定位的过程，也是突出产品特色与个性形象的过程，由此受消费者喜欢或迎合了消费者对产品的某种特定要求，在更好地满足消费需要的过程中增强了产品竞争力，从而在目标市场上占据有利的贸易地位。

(二)市场定位的方法与策略

产品定位的方法，一般从以下四步做起：首先找出可用来给产品定位的因素，如质量、价格、包装、是否是名特优新产品等；其次是调查了解现有市场上竞争对手的产品及特性，并用“产品定位图”(图 3-1)标示出来；第三步是确定自己老产品的原有位置和新产品的可能位置；最后对各种可能的位置进行市场分析，从而确定最有利的定位方案。

下面以一个例子说明产品定位方法：假如有一个企业，要对其产品在市场中定位。首先应找出“质量”和“价格”两个因素作为产品定位的因素，构成图 3-1 的定位图。其次要了解分析竞争对手的产品定位情况：在图中 A,B,D,E,F,M 和 N 分别代表产品所处的市场位置，用下划线表示该位置产品销售量的大小。接着，企业要确定自己产品在市场中的可能位置，并对每一种可能的占位情况进行市场分析，由此确定最有利的定位方案。面对各个竞争对手的产品所处的市场位置及销售情况，企业可用如下策略给自己的农产品在市场中定位。

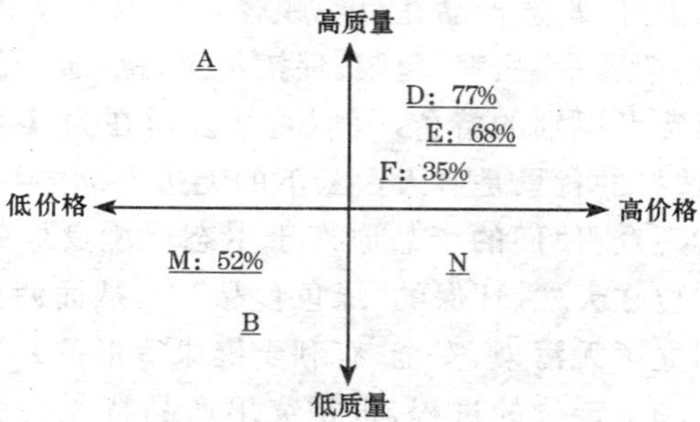

图 3-1　两因素产品定位

1. 填补空白策略　这种策略就是将自己的产品位置确定在目前目标市场的空白地带。结合图 3-1 看，假如目前市场上高质量高价格、低质量低价格和低质量高价格的产品都已有竞争对手在生产推销，惟有高质量低价格的产品市场还没人涉足，即图中 A 的位置没有被竞争者占领，这显然可能是个机会。企业可将自己的产品确定在高质量低价格的市场区位上，即 A 的位置。填补市场空白策略的明显优势是企业可以避开竞争，并且可以与竞争对手在目标市场上形成鼎立之势。但是，企业要想在此位置进行产品定位，并实际实施这种填补空白策略，还必须解决至少三个问题，或满足三个条件。

①这一目标空白区的市场空间要有足够大。很可能有这种情

况，即目前这一市场区位的空白不是因为竞争者视而不见或无暇顾及，而是这里没有相应数量的潜在消费需求。例如，企业能使顾客相信它所提供的是高质量的产品吗？因为一般的购买观念是："便宜没好货"，高质量应该有高价格。对于追求高质量的顾客，如果以这种观念购物，企业的产品就不会成为他们的选择对象。面对这种情况，如果企业不具备改变普通消费信念的有效手段和方法，却将产品定位在这一区域，显然会面临困境。

②企业有足够的技术力量和生产能力，来开发目标市场目前这一空白区域所需要的产品。也就是说，企业能以较低的成本生产出高质量的产品。可以设想，之所以竞争对手没有进入这一区域，可能是解决不了成本与质量矛盾，经济上无法承受高质量产品的低价格。物美价廉是消费者的追求，但满足这种需求愿望并不是一件容易的事，他对生产者生产技术及成本质量管理水平的要求较高。受此限制，许多竞争者不容易占领这一区域。谁能够开发这一区域的产品，不但能获得可观的经济效益，也会产生较好的社会效益。否则，企业如果没能力达到目标市场的需求却非要占领这一空白市场，不但达不到目的，反而会浪费企业资源。

第三，企业填补市场空白在经济上合算。盈利是企业的主要目的，即使这一空白市场有需求，企业也有能力满足这一需求，但如果进入这种市场最终获利太少甚至亏损，那么任何企业都不会做这种不明智的选择。

2. 与现有竞争者并存策略　所谓与现有竞争者并存的产品市场定位策略，就是将自己的产品位置确定在现有竞争产品的旁边，即图 3-1 中 F 的位置。从实践看，一些实力不太雄厚的中小生产者，为产品进行市场定位时多采用这一策略。与现有竞争者并存的产品定位策略之所以具有明显的优势，主要有以下两个方面的原因：

其一，由于现有产品已畅销市场，企业可不必承担产品不适销的风险，只要模仿现有的产品，用自己的品牌向市场推销就可以。

其二，由于不需要开发新产品，甚至对现有的产品也不必作任何改进，因而可以节省大量的开发研究费用。

当然，实行与竞争者并存的策略，需要具备以下两个前提条件。

第一，在产品要进入的目标市场区域中还有未被满足的需求，这些需求足以吸引新进入的产品，以保证产品的销量。

第二，由于消费者对现有产品已经比较了解，还需要企业具有相应的生产、技术和管理水平，使推出的产品必须在各方面能与竞争者的产品媲美，否则消费者是不会接受的。也许有人会认为，企业也可以选择在竞争者所在的 M 位置附近的 B 处与之并存。从实践看，M 的位置是低质量低价格的产品，对收入有限、购买意向以求廉为主的消费群体来说，这种产品暂时也许会有一定的市场。但从长远看，质量低劣的产品没有任何市场竞争优势，相比之下，却是一种风险较大的产品，特别对农产品来说，多数受鲜活性的影响较大，如果因质量不好而无法尽快售出，就容易在市场上全军覆没。因此，选择产品在 M 处的市场位置时应慎重。N 的位置是低质量高价格的位置，在产品严重供不应求时会有一定的市场，而在产品丰富且竞争加剧的今天，这是一个没有市场吸引力和没有发展前途的市场。

3. 逐步取代现有竞争者策略 取代现有竞争者的目标市场定位策略，是指将竞争者赶出原有位置并取而代之，占有他们的市场份额。如图中与 D 的范围相似的 E 位置。采用该策略一般有两个原因：一是企业确定的目标市场已被竞争者占领，而且其中已没有进一步发展的潜在需求；二是一些实力雄厚的大企业自信有足够力量打败竞争者，而要扩大自己的市场范围。

取代现有竞争者策略是富有挑战性的。采用这种策略的企业要有充分的思想准备。首先，新投入的产品必须明显优于现有产品;其次,要做大量的宣传推销工作,大造舆论以冲淡消费者对原有产品的印象和好感,并在宣传推销时要充分利用企业已有的良好声誉。

以上是以采用两个因素进行产品定位来说明市场定位方法与策略的。当企业采用三个以上因素进行产品定位,可以参照类似的方法进行产品定位决策,并选择适宜于自己的农产品定位方案。

在市场消费潮流不断变化的今天,企业的产品定位在此时此地有效,在彼时彼地就不一定奏效。因此,产品定位是一个动态管理过程,应该视市场情况的变化不断对产品定位进行调整,当原来的产品定位处于不利情况时,需要企业及时选择产品新的市场位置。例如,美国一家连锁农产品销售公司,其零售网点在国内分布很广,过去其生意一直比较兴隆在进入 80 年代后,它的销售形势每况愈下,营业额连续 6 年下跌。通过市场调查发现,该公司的产品在老顾客的心目中本来是物美价廉的实惠食品,但进入 80 年代后,它却一改初衷,一再大幅度涨价,逐渐失去了原来的经营特色,因而失去了一大批顾客。更重要的是,高收入高消费的顾客对它的产品并不感兴趣,因为它原本并不是经营高档农产品的连锁店。顾客认为,花同样的价钱不如买“正宗”高档农产品经营企业的产品。分析了问题的“症结”后,该公司对症下药:通过广告对产品进行再定位,把目标市场重新确定为中、低档消费者,并专门供应传统的大众食品,取消一切有悖于经营宗旨的高档货。公司恢复传统特色后,销路果然又有起色,失去的市场逐步得到了恢复。由此看来,企业不但对产品定位需要适时地依据市场变化不断调整,而且还要有勇气面对失败的产品定位,并积极地转而选择产品新的市场位置。

第四章　讲究农产品贸易的营销策略

一、农产品贸易的产品策略

(一)产品的含义

通常情况下，人们把产品理解为具有某种特定形状和用途的物质实体。比如苹果、粮食、猪肉等，这是市场观念的传统看法。事实上，顾客购买一种产品有时并不只是要得到一个有形的实物体，而是还要从这个产品中得到某些利益和欲望的满足。例如，工业生产者购买一批小麦用做面包生产的原料，他想得到的不仅是一批小麦，还希望通过使用这批小麦生产出优质的面包，以满足其获利的需要。因此，他会要求卖方保证小麦的质量，特别是面筋的含量，以保证面包的烘烤品质；他还会要求卖方能及时交货并提供送货上门、有条件的退货或换货等各项相关服务。又如，旅游者到某个观光农业区游玩，是希望在欣赏利用农业资源所创造的农业风光中得到精神上的满足。这时他购买的不是一种实物体，而是一种非物质形状的观赏服务，这种服务可以满足人们的欣赏需求，所以也是一种产品。

从这种意义看，产品是指人们通过购买活动所获得的某种需要上和利益上的满足。它是由有形的物质实体与无形的服务所构成的。它一般包含三个层次(图 4-1)：第一层次为核心产品，是指产品要满足消费者的最中心需求。例如，顾客在超市里购买一种蔬菜，主要是它能满足人体对矿物质等营养物质的需要；经营者出售产品的实质是向顾客出售核心利益和服务，出售顾客享受所要求的产品效用和功能。如果产品没有效用和使用价值，不能给人们带来利益和欲望的满足，产品就不可能被顾客购买，自然也就没有销路。产品的第二层次为形式产品，即呈现在消费者面前产品的具体形式，如品质、特色、式样、品牌和包装等，它能满足购买者在形式上对产品使用价值的具体要求；如果是服务，则是指服务的不同质量与方式；产品的第三层次为延伸产品，是指经营者提供的产品运送、使用方法和相关使用知识培训或传播等服务，它能给购买者带来更多的利益。

为消费者提供产品，要注意从研究产品含义出发，以消费需求为中心，对产品从核心使用价值到形式产品层次，以至于在延伸产品上做足文章，对促进农产品贸易市场的开拓，提高产品竞争力具有直接的重要作用。

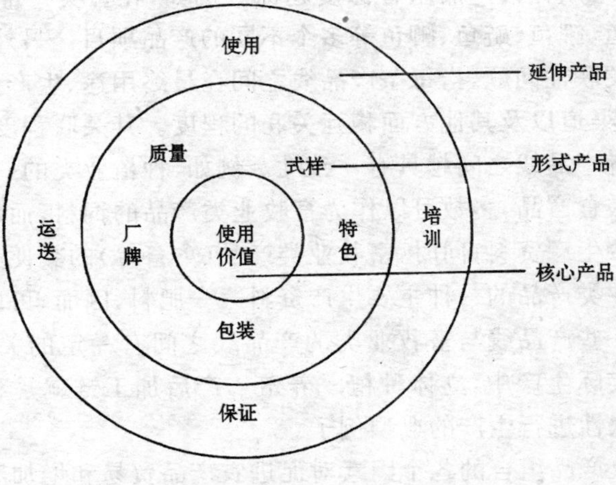

图 4-1　产品的三个层次

(二)产品组合策略

1. 产品组合的含义　产品组合是指一个企业或地区，其生产经营的全部产品的种类构成和不同种类在数量上的比例关系。产品组合是由各种产品线组成的,每条产品线又由许多产品项目构成。

产品线是指密切相关的满足同类需求的一组产品。一个生产单位可以生产经营一条或几条不同的产品线。如从事种植业的农业企业,其产品线可以有水果类、蔬菜类、粮食类等不同的产品线。而产品项目是指生产单位产品目录上所列出的每一个产品。例如,水稻产品线上的粳稻、籼稻;禽产品线上的鸡、鸭等。如果农产品生产经营者拥有的产品线越多,就说明其产品组合宽度越大。例如,一个大型农业企业,可以有粮食产品、水产品、林产品、禽畜产品以及这些产品的产后加工制品等多条不同的产品线,这时可以说该企业产品组合的宽度大。如果经营者每条产品线上的产品项目越多,则称其产品组合深度越深。例如,在鱼类产品线上,可以有草鱼、鲤鱼、鲢鱼、鲫鱼等多个不同的产品项目。另外,产品组合还有关联性问题,指每条产品线之间在最终用途、生产条件或技术、销售渠道以及其他方面相互关联的程度。其关联程度越密切,就说明各产品线之间越具有一致性。例如,种植业类的一些产品,特别是粮食产品,多数可以作为畜牧业类产品的饲料,而成为畜牧业的直接生产资料;同时,畜牧业类产品(禽畜等)的粪便又可以成为种植业类产品的一种主要生产资料——肥料,因而,可以说种植业类的一些产品线与畜牧业类的产品线之间有一定的关联程度。在农业实际生产中,立体种植-养殖-产后加工链就是利用产品组合关联性进行生产的典型例子。

涉及产品组合的各个因素对促进农产品贸易和增加利润有密切关系:拓展产品组合宽度可充分利用农业资源,开拓新市场,拓宽服务面,并分散不同农产品的生产、市场与投资等风险,提高经济效益。增加产品组合的深度,可以使各产品有更多的花色品种,适应顾客的不同需求,扩大总销售数量。增加产品组合的关联性,特别是延长农产品产后贮藏、深加工和综合利用等生产链条,可以充分扩展农产品的附加值空间,挖掘农产品在贸易中的利益潜力,提高产品竞争力,甚至提高农业的整体比较利益。同时可分散农业的自然风险和市场风险,增强农产品贸易的安全性。当然,产品组合对一个企业来说,并不是越宽、越深越好,要依据自身的资源实力和市场销售的变化趋势,不断调整或选择适当的组合宽度和深度。

2. 产品组合策略的调整　由于市场需求的变化以及竞争形势等内外部经济条件的变化,市场贸易中涉及无论是单一产品,还是多种产品,都有可能遇到贸易量或利润的起伏:上升、平稳或缓慢乃至趋向衰落。因此,有必要对现有产品组合进行结构调整。调整策略可有以下几种选择。

(1)扩大产品组合策略　对贸易形势好的产品,可扩大产品组合。也就是增加产品线和产品项目,增添生产经营产品的品种,来提高贸易效益。该策略主要包括以下两方面。

①相关系列多样化策略　主要是增加关联性大的产品线。例如,在盆栽花卉产品线外,增加鲜切花、干花等产品线;再如,某农业企业在蔬菜产品线上,除了一般蔬菜外,还增加纯净菜、真空菜、脱水菜、酱菜、腌菜和蔬菜汁等产后加工生产线,从而使其产品贸易范围不但在全国不同城市,而且还可能部分打入国际市场,达到了扩大市场空间并满足顾客的不同需求和争取更大利润的目的。

②无关联多样化策略　是指拓展产品线时,不考虑关联性原则,增加与原产品线无关的产品,开拓新市场,创造新的需求。例如,某农业企业的产品组合主要由特种蔬菜、粮食加工和鲜虾养殖三条无关的产品线组成。它所实施的就是无关联多样化策略。

(2)缩减产品组合策略　这是随着科技发展和市场需求的变化,以及经营单位内、外部生产条件的改变,而主动合并或减少一些销售困难、不能为经营者创利的产品线和产品项目,集中优势兵力生产经营市场需求较大、获利较好的产品。缩减产品组合策略的实质是收缩目标市场,它非常适于热衷于多种经营但效益不佳的经营者运用。企业在生产经营中必须按自身实际能力来确定市场目标,不可不切实际地在产品组合上贪多求长,如果经营能力跟不上,往往要在贸易和市场中吃大亏。

(3)淘汰产品决策　这是对一些已进入衰退期的老产品线和产品项目所采取的策略。这些产品已不能满足市场需要,又不能为经营者带来经济效益。因此,应果断决定淘汰这些产品的生产,以免蒙受更大损失。

(三)产品生命周期策略

产品生命周期是指产品从开发成功投入市场开始,到被市场淘汰为止的整个过程。它一般分为导入期、成长期、成熟期(或饱和期)以及衰退期四个阶段,描述了一个产品在市场上从无到有、高速增长、市场饱和,直到被淘汰出市场的变化过程。产品的生命周期是指产品的市场寿命,是从产品的市场销售额和利润的变化来进行分析判断的,它受国民经济、市场竞争、政治法律、供求情况、技术进步以及顾客需求爱好等因素的影响较大。

产品在不同生命周期阶段具有不同的市场特征,由此可以对处于不同周期阶段的产品采取不同的营销管理策略。

1. 导入期策略　导入期产品的市场特征主要是,产品刚投入市场,大部分消费者不熟悉该产品或对它还缺乏信任和了解。因此,购买者较少,销量小且增长慢,导致生产规模和利润少。但此时同行竞争也较少。据此,一方面应增强产品的市场推广力度;另一方面可根据消费者的不同特点,主要考虑以什么价格向市场推出产品。从价格看,如果消费者容易熟悉产品且对价格很敏感,则采取低价策略;如果市场容量小,消费者了解产品后并有能力支付高价,同时经营者想树立名牌形象,则可采用高价方式推出产品;

就促销而言，如果竞争者因为产品科技含量高或生产条件难以很快达到要求，而不会在短期内参与竞争，经营者可采用低促销策略，否则在实力允许时要考虑以高促销方式快速占领市场。

2. 成长期策略 此时产品的市场特征表现为，消费者已熟悉产品并加入购买者越来越多；销量和利润上升快，而生产与销售费用在降低；产品的市场吸引力使竞争者看清了市场前景因而不断加入竞争。该期应考虑的营销策略有：改进和提高产品质量、增加新品种以保持产品的吸引力；开拓并进入新的细分市场，争取更大的市场占有率；寻找和开辟更多销售渠道来适应购买力的增长；重点树立产品形象。适当降价来保住价格敏感型消费群并吸引新消费者加入购买。

3. 成熟期策略 随着消费者和产品销量在市场上的饱和，利润达到最大，市场竞争激烈化，经营者应重点采取保住原市场份额和寻找新市场、改进产品和营销手段等策略。此时的管理中心是求变。

4. 衰退期策略 进入衰退期的产品，其销量和价格都在下降，经营利润在减少甚至亏损，新产品的出现使某些竞争者退出原产品的竞争。因此，在衰退期对老产品是“弃”还是“守”，应看经营实力和产品的市场潜力而定。简单的放弃或者不顾实际的坚守都会蒙受损失。对占市场份额较大的经营者来说可采用续留策略，增加对现有产品经营的投资，进一步扩大经营规模。抢占某些退出的竞争对手所放弃的市场或顾客。还可以采用集中策略，有选择地对销售额过小的细分市场放弃，在有潜力的几个市场上集中人力、物力和财力，重点保持这些产品的盈利能力。对市场占有率太小的产品考虑丢弃策略，及时撤出原市场，以寻找和发展新的市场机会。

(四)新产品开发策略

由于市场上没有任何一个产品能永久畅销,所以积极开发新产品是农产品贸易生存与发展的根本大计。

1. 新产品的含义　狭义的新产品是指在世界范围内向市场首次推出的、能以全新的技术和方式满足人们需要和欲望的产品。创造这种新产品很不易。广义的新产品是与老产品比较而言的。一般而言,凡是在功能、形式、技术及生产方式和生产工艺等方面比原有产品有显著或重大改进,并初次在市场销售,都可称为新产品。由此看来,新产品都在某些方面具有突破性的改进或创造。例如,应用新生物技术使某种子具有突出的抗病性,这种新种子就是新产品;另外新产品都是提供给市场、能被消费者购买、消费并能满足其某种需要和欲望的东西。

2. 新产品开发的注意事项　开发新产品是一项充满风险和机遇的工作。充满风险指新产品开发的成功率总体上不高;充满机遇是因为新产品开发成功可能给开发者带来许多市场机会和巨大经济效益。为有效避免新产品开发失败的风险,必须注意下列各项政策和策略。

(1)一定要先进行市场调查　市场需求是开发新产品的动力与依据。因此,必须在调查熟悉顾客尚未满足的需求及其购买数量的前提下,有针对性地开发顾客实际需要的产品。例如,在光照和热量资源不足的种植区,可以开发早熟的种植品种,以满足生产者需求。

(2)新产品开发要符合国家政策　能够适应国内外市场消费习惯、社会心理、产品价值观念等方面的新产品,容易在市场推广与扩散。如调查表明,国际市场上“绿色食品”的消费需求呈上升趋势,我国大都市对“绿色食品”的需求也在增长。这是一种既符合国内外环保政策,也能满足消费者追求食物安全需要的产品。

因此,有条件和有开发能力的地区,可以抓住这种市场机遇开发相应的产品。

(3)新产品的开发应考虑在发挥老产品优势的基础上进行 通过改进老产品不足可缩短开发时间,以"快"作为占领市场的突破口。例如,对原有农产品主要满足"吃"的需求转变为主要满足"观赏"的需求,有可能开辟出新市场。这要求在开发新产品时有创新精神。

3. 新产品开发的方式与策略 开发方式主要包括独立研制、联合或协作开发以及技术引进。必须结合经营者自身实力和现有技术水平等条件,采用单一开发方式或结合使用不同开发方式。新产品的开发策略可以在优质策略、低成本策略、配套策略和拾遗补阙策略中选择。

(五)农产品的品牌和包装策略

1. 品牌策略 品牌是商品的商业名称,是生产经营者独创的、有显著特征的,加在商品上的特定名称、术语、标记、符号、图案设计或是他们的不同组合。一般包括可以用语言称呼出来的品牌名称和由某种符号、图案或特殊设计组成的视觉标志两部分。品牌的主要作用是便于消费者识别、帮助制造商或经销商树立产品形象等。知名品牌可以为产品的生产经营者带来更大利润,使其获得独特的竞争优势。农产品贸易中可采用的品牌策略一般包括以下三方面。

(1)无品牌策略 即对商品不用生产者或经销商标记,不给产品定品牌,以节省销售费用。农产品无品牌策略的一般适用情况:一是未经过加工的、没有自身明显特色的农产品等,如普通木材、普通大米等。二是商品本身不具有因生产制造者不同而形成不同质量的特点,如普通盐等。我国许多农产品贸易经营者长期以来不习惯使用品牌,这对在质量和性能等方面没有自身明显特色的农产品来说还可以，但由于一些农产品的特定质量是与产地的土壤、水质、光温等自然和气候资源条件密切相关的，在农产品消费更注重质量的今天，要特别提倡和注意对有质量优势和独到特色的农产品实行品牌管理，达到优质优价。

(2)统一品牌策略　即对生产和经营的全部农产品使用同一个品牌。这种策略的优点是可利用成功的产品将新产品导入市场，节省了品牌的设计和宣传等费用。如企业可将自己的绿色安全农产品系列用同一个品牌推向市场。这种策略的缺点是一旦某商品质量不过关，就会影响到企业全部产品的声誉，因而它适于在市场上已享有盛誉、且各种产品质量较高的企业。

(3)经销商品牌策略　一些农产品经销商为利用品牌扩大在消费者心目中的形象，树立自身良好的信誉，通过严把商品质量关和加强服务而自己建立的品牌。对自身没有能力和实力自建品牌、且产品质量较高的小规模农产品生产经营者，可借用这些经销商的知名品牌将商品打入市场；对有品牌的大经销商，因为他们很重视自己品牌的信誉，容易赢得消费者信任，企业可以借此扩大产品销路。

2. 包装策略　农产品的包装一般具有保护商品、便于携带和贮运、促进销售、提高产品附加值和为购买和使用提供便利等作用。例如，原产于我国四川省的榨菜，用大坛子装运出售，获利很小；上海人将它买入后，改为以中坛装售，利润有所上升；香港人买去后，改用小坛包装出售，获利在原来基础上已翻番；日本人买入后，打开坛子，将榨菜切成细丝，改以小袋包装出售，利润比原来又翻了数番。后来，四川引进小包装生产线，自己直接切丝并以小袋包装出售，售价大增，从此肥水不再流入外人田。再如，我国福建省名产乌龙茶，很受日本人喜爱，几乎家家必备。我国连年出口，以前都用桶包装出售。日本人买进后运到加工厂，拆装熬制成乌龙茶水，装入易拉罐，风靡全国，年销售达 6 亿美元。由此可见，重视包装，丰富“形式产品”的内容，是增强产品市场竞争力的重要手段之一。

产品包装一般可分为运输包装和销售包装。对农产品销售主要可采取如下的包装策略。

(1) 等级包装策略　是指对不同档次、不同质量的产品选择不同的包装，使装潢的风格和特点与产品的实际价值相当，便于消费者选择与产品使用环境相适应的包装。例如，对低档的大众化农产品，采用一般的箱袋包装或不包装，而对高档的农产品则采用有一定艺术外观、包装材料讲究及说明内容相对丰富的精美包装，以刺激消费者的购买欲望。

(2)集聚包装策略　就是把使用时相互关联的多种商品纳入同一个包装容器中同时出售。例如，蔬菜生产者将不同种类的蔬菜放入同一个包装箱出售，这不但使顾客有了品尝各种新鲜蔬菜的感受，也扩大了蔬菜的总体销量。再如，北京的几家特菜和特禽生产企业联合推出的组合包装，将几种特菜产品和几种特禽产品混合装入同一个包装箱，做到荤素搭配，混合销售，这样一来既便于消费者食用，又扩大了产品的总体销售量，同时，这种策略还能帮助新产品上市，有助于顾客接受新产品、尽早习惯并使用新产品，从而顺利实现新产品贸易。

(3) 一次性包装策略　即根据消费者使用习惯和携带便利而设计的包装，如袋泡茶、小袋咖啡等。使用这种包装策略应注意的是，包装材料不应该用重要的资源，如木材。同时包装材料要容易销毁，防止造成环境污染。

(4) 透明包装策略　是指用透明包装材料，能看清部分或全部内装商品的实际形态、新鲜度和色彩，使顾客可放心选购。透明包装是一种备受消费者欢迎的包装，如超市中销售的蔬菜、水果和水产品等，多数就采用了简单而透明的包装策略。

二、农产品贸易的价格和销售渠道策略

(一)农产品价格策略

价格是农产品贸易的重要内容,一种产品,不仅要有一个好的质量和包装,而且要有一个合理的价格。

1. 农产品定价的主要依据 农产品的价格除了在客观上取决于产品的生产经营成本与相关费用外,还受到商品供求关系、货币购买力及国家的物价政策等多种因素的影响。

(1)产品的生产经营成本与相关费用 产品的成本费用主要有生产成本、销售费用、贮运费用和共同分摊的期间费用及税金等。价格如果低于这些成本费用,就会亏损。农产品生产和贸易量大,会为降低平均销售费用创造条件,从而增加获利空间。

(2)市场供求关系 一般情况下,商品供过于求时,价格会下跌。当商品供不应求时,价格则上涨。而影响供求变化的因素有:消费者总人数和人均收入增加,对商品的需求会相应增加;消费习惯的变化也会影响相关商品供求;对于品质低下没有威望的商品,不会因为价廉而畅销;价格变化对低收入群体的需求量影响较大。

(3)货币流通量 货币发行过多,货币在交易中的流通量超过商品流通的实际需要,就会出现通货膨胀,造成货币贬值,使各种商品价格有不同程度的上涨。

2. 定价时主要考虑的因素 在产品定价前,首先要确定定价目标,然后再结合产品自身特色、销售渠道和促销强度以及市场竞争状况等因素,综合考虑具体定价水平。

(1)定价目标 当以利润为定价目标时,要考虑追求的是短期眼前利益还是长远利益,还要顾及实现利润目标的价格在实际市场竞争中是否可行,如果企业追求短期眼前利益最大,在产品没有

市场绝对优势地位时只顾定高价，必然引起本商品需求减少，替代品销量上升，延误占领市场的时机。在以保住市场占有率为定价目标时，要注意观察竞争者的价格动向，使自身的定价能随行就市地相应调整。

(2)产品定位与特色 产品定位档次较高时，相应的质量、品牌、包装和促销等费用增加，价格则较高；当产品的特色明显，类似的替代品和相应的竞争者较少时，产品在贸易中具有一定的垄断优势，定价可适当高些。

(3)销售渠道 销售渠道与中间商的选择，与定价关系密切。渠道越长，中间环节越多，定价越复杂；若直接向消费者销售，渠道短，中间环节少，则定价简单，且因费用节省，可将价格定得低些。

(4)产品和市场特征 对鲜活易腐的农产品来说，在接近新鲜度流失或质量下降边缘时，可适时地降低价格甚至甩卖，以免损失扩大；当市场竞争激烈或产品需求下降时，价格自然要降低。

(5)促销力度 一般而言，促销力度越大则促销费用就越多，产品价格会相应定得高一些。

3. 定价方法与策略 在众多产品定价方法与策略中，与农产品关系密切的定价方法与策略主要应按实际情况确定。

(1)被动定价 当某产品的供应者很多、供应量也很大时，市场处于完全竞争状态，单个的生产经营者无力改变市场价格，只能随行就市被动接受市场上既定的价格。

(2)区分需求定价 这是一种根据不同的顾客、商品的不同特色、销售产品的不同时间地点制定的不同价格。不同顾客可承受的价格水平不同，按对顾客的分析判断可以不同价格分别出售产品。同时，按对产品特色的需求差异和购买产品时间地点的不同，可制定不同价格。一般而言，产品特色鲜明可支持较高价格。同样的产品，在旅游区等一些特殊场所或淡季价格一般定得较高。

(3)折扣与让价定价 指产品生产经营者对标价或成交价款

降低、或减让部分价格或收款、或加赠货品的一种定价决策。让价,又称回扣、津贴,目的是给顾客施以小惠,鼓励购买。这是争取顾客并提高市场占有率的一种方法。实际中通常应用的有现金折扣、数量折扣、季节折扣、推广让价等策略。

(4)地理价格策略　主要是由买主所在区域路途的远近,考虑商品运费负担的一种定价策略。定价时运费是一项重要因素。该价格策略主要有:一是由买方负担全部运费的产地(出厂)价格策略。二是按合同规定由卖方产地价格加上到达指定目的地的一切手续、运输、风险等的费用形成目的地交货价格。三是对所有的顾客不论路程远近,都由卖主将货物运送到买主所在地的统一交货价格。四是卖主将市场划分为几个大的区域,以每个区域与卖主的距离分别定价的分区送货价格。

(5)心理定价策略　这是为适应和满足消费者购买商品时的心理变化所采取的定价策略。它常在产品各零售环节运用,具体有尾数定价、声望定价、分级定价、因人定价等。

①尾数定价　这是利用消费者买同样商品希望价格较便宜的求廉购买心理来定价的。他们习惯上乐于接受尾数价格,特别是零头为奇数的价格,总认为单数比双便宜。如 3 元定为 2.9 元。有的地方常将尾数定为合乎当地风俗习惯,以数字谐音寓意(如 9 与久,8 与发等)取得消费者的欢心。

②声望定价　这是为迎合顾客的求名、好利和虚荣心理,对在顾客心目中有一定威望、声誉和信任的商品制定较高价格的一种方法。声望定价特别适用于以价格高低做为判断商品质量好坏来选择商品的顾客。特别是对慕名求购但又不太了解商品的消费者,较高的价格不但能显示其比别人高的购买能力,满足其优越、虚荣的心理,而且便于消费者尽快做出购买决定。对农产品而言,给消费者传递关于产品安全、利于健康等信息是树立产品声望和利用声望定价的前提。

③分级定价　这一般指产品的生产经营者在零售时，将不同规格、质量的商品按档次分级，并对各级产品定不同价格的策略。它能满足不同消费层次顾客的不同消费心理需求。这种定价可以使消费者明显看出这些商品的高低档次差别。档次高的可满足高消费顾客要体现优越感的心理需要；档次低的可满足顾客的求廉心理。消费者可根据各自不同的要求，在有限的档次和价格中快速做出购买决定。

④因人定价策略　这是卖主根据买主的讨价还价能力、购买商品的不同用途以及买卖双方的人际关系而制定的价格策略。具体有单一定价和变动定价。单一定价是卖主对所购买同一商品相同数量的同一类型的顾客，按相同价格收款，无论是批发商、零售商或一般消费者，不管是否善于讨价还价的，一视同仁。这样可以使买卖双方节省时间，便于成交；变动定价是卖主对购买相同数量的同一类型的顾客，收取不同价格的策略。这是卖主对部分买主进行拉拢，使这部分顾客成为长期买主并促其大量购买时，常用的定价策略。采用这种策略时，卖主也可能因为买主是他的朋友、熟人、老主顾，而给予较大折扣。

（二）农产品销售渠道策略

1. 销售渠道的含义与作用　销售渠道是指商品从生产者向消费者转移所经过的路线、环节和相应的商品所有权转移的过程。中间商是销售渠道中最活跃的力量。所说的中间商是指介于生产者和消费者之间、专门从事商品转移（俗称倒买倒卖）活动的商业企业或个人。中间商在提高市场交换效率、帮助生产者营销、推动产品向消费者转移以及促进贸易规范化等方面有重要作用。

2. 销售渠道的结构与类型　在结构上销售渠道有长短和宽窄之说。渠道的长短是指商品从生产者向消费者转移时参与的中间商种类和经过中间环节的多少。如不利用中间商而直接向消费者销售商品，被称为短渠道。利用代理商、批发商，再经过零售店销售商品，被称为长渠道。渠道的宽窄则是指销售产品时生产者同时选择中间商的数量多少。如生产者只同时面对一个中间商销售商品是窄渠道，面对多个中间商同时向市场推出商品是宽渠道。生产者确定渠道的长短和宽窄是销售渠道策略的主要内容。

依据渠道的长短，可将销售渠道分为不经过任何中间商的直接销售渠道和有中间商参与的间接销售渠道两类。农产品和工业品特性不同，农产品中不同产品性质差别也较大，因而各自选择的销售渠道类型有别。

(1)产品由生产者经代理商、批发商、零售商到消费者　由于这种销售渠道包含三类中间商，所以也叫三层渠道，是销售渠道中最长的渠道类型。

(2)产品由生产者经批发商、零售商到消费者　这是传统的销售渠道，为多数的企业或生产者个人广泛采用。由于批发商类型很多，如全国性的批发商、地区性的批发商和行业性的批发商等，所以这种渠道实际上也比较长。

(3)产品由生产者经代理商、零售商到消费者　这种销售渠道不经过批发商，企业经由代理商向零售商供货，零售商再将产品出售给消费者。

(4)产品由生产者经零售商到消费者　某些农产品生产经营者愿意采取直接向零售商供货的销售形式，甚至自己直接开办零售店，将产品出售给消费者。这是一种比较简单的销售渠道类型。

以上四种渠道属于间接销售渠道，同时由于在生产者和消费者之间的中间商种类的不同又依次分成三层、二层和一层销售渠道。

(5)产品由生产者到消费者　这是农产品销售渠道中最简单、最短的直接销售渠道。它采用的是由生产者自己将产品直接销售给消费者的方式。如一些农产品在产地被消费者直接买走消费。

这种渠道类型简便，比较适用于不耐贮藏或不宜经过多层中间商转移的鲜活农产品。

3. 选择销售渠道应考虑的因素 影响销售渠道选择的因素很多，农产品生产经营者在决定选择某种销售渠道之前，应对所提供的农产品性状、市场特点及企业本身的各种因素进行综合分析，从而做出恰当的渠道选择方案。

(1)产品因素 农产品销售渠道选择主要考虑产品的鲜活性和季节性。

①易腐性或易毁性 许多未经加工的鲜活农产品，其有效期很短，易于腐烂或毁损，对这些农产品的贸易渠道最好是选择最短的，以使产品能尽快转移到消费者手中。而相对耐贮藏的农产品如果需要批发商提供贮存服务，可适当选择稍长的销售渠道。

②商品供应的季节性 农产品供应的季节性相对较强。在供应旺季，产品大批量上市，生产者在无法全面顾及亲自直接面对消费者销售的情况下，可以采取“快产快销”的办法，尽可能同时与多个中间商合作，增加渠道宽度。同时也利用部分批发商提供的贮存服务，减少产品销售风险。

(2)市场因素 以考虑销售规模、市场区域性、消费习惯和竞争状况等因素为主。

①每次销量的大小 零星销售的农产品，不宜采用直接销售的方式。一家批发商可经营若干家生产者的产品，一个零售商也可同时销售多家生产者的农产品。对零星销售的产品，如果企业选择经销商为其提供销售服务，则可提高营销效率并降低销售成本。

②潜在顾客的数量 潜在顾客数量的多少，决定了产品市场的大小；市场范围越大，越需要中间商为企业提供服务。如果潜在顾客的数量很小，则以生产者自己销售为好。

③市场的地区性 一般来说，农产品的市场相对比较分散，一

般需要有中间商参与。

④消费者的购买习惯　顾客对农产品的购买习惯，包括是否对价格敏感、购买场所的偏好(如是愿意在社区、集贸市场还是超市等地点购买)、对产品质量和服务等方面的特殊要求等，都会直接影响到销售渠道的设置。同时，渠道的选择要与产品的定位相协调，比如将高档农产品主要放在普通消费者常光顾的集贸市场出售，就不够协调。

⑤商品消费的季节性　农产品除了供应上有生产的季节性外，在消费上也有季节性。如绿豆在夏季熬汤解暑，枸杞在秋、冬季滋补身体等。为适应这类产品消费的季节性，除了加强产后加工外，可以利用批发商提供的贮存服务，以调整供应市场的时间来适应消费的季节性。

⑥竞争性商品　对具有竞争性的消费品，生产者应尽量采用与竞争者相同的销售渠道，不宜重新开辟销售渠道。一般认为，采取与竞争者相同的销售渠道要比开辟新的销售渠道更容易占领市场。

(3)生产者或企业自身因素　主要从生产者或企业实力与能力方面考虑。

①声誉与资本实力　生产企业或个人的声誉越高，资本实力越雄厚，其对销售渠道的选择自由度就越大，有时甚至可自设销售点，并采取生产及销售一条龙的经营方式。反之，如果资金实力薄弱，那就必须依赖中间商所提供的服务。

②管理能力与经验　生产企业或个人在市场营销方面的营销管理能力与经验，在一定程度上决定了销售渠道的选择。如果自身生产技术水平很高，但市场营销能力和经验不足，可尽可能通过批发商或代理商来销售产品，只是缩减了自身的利润空间。

③能够提供的服务　如果生产者愿意为产品做广告并可承担广告费用，则多数中间商愿意销售其产品。生产者如果能提供充

分的售后服务，如送货上门或定期去零售店，这也能增加中间商经销其产品的兴趣。

4. 农产品生产者的渠道策略　农产品生产者如何选择销售渠道，以便把商品迅速地通过批发商、代理商、零售商或以自行销售的方式送到消费者手中，这种选择就是销售渠道策略。

(1)渠道的长度策略　生产者在考虑选择销售渠道时，首先应在是否利用批发商这一问题上做出决策。对农产品来说，利用短渠道是保证在保质期内顺利达到消费者手中的主要选择。生产者选择短渠道要符合的条件：一是生产者与消费者的距离要相对小，如城近郊区的农产品生产者就有距离城市消费者近的优势；二是生产者自身资本实力雄厚，并能大量生产产品，有较强的产品覆盖能力；三是消费者比较集中或购买者是大量采购；四是生产与需求之间有连续性、持久性和稳定性；五是消费者购买量虽小但单价很高或标准化程度高的商品，如绿色食品，如果渠道中环节过多则难以保证质量和信誉；六是不易保存的易腐农产品；七是对销售需要有产品使用等技术指导和相关售后服务的农产品。

短渠道的不足是生产者需要增加贮存设备及存货量，还要增加销售人员和相应费用，并且要承担更多的销售风险。如果不满足以上条件则可考虑长渠道。

(2)渠道的宽度策略　渠道宽窄策略一般有以下三种选择。

①密集的销售渠道策略　它是指在同一地区内对经销商的数目不加限制，尽量扩大渠道宽度的策略。一般对适用范围广、消费者在需要时希望购买方便、并不太计较产品品质或无需到大店选购的农产品，适于采用密集销售渠道策略。宽渠道策略需较多的批发商和大量的零售商。

②有选择的销售渠道策略　这是指在一定地区内，只选择几个中间商来销售自己生产出的农产品。这种方法比较适用于消费者对某种品牌或区域生产的农产品产生一定的偏好，或特色较明

显的农产品。如质量稳定、信誉较好的农产品,选择超市或中高档饭店销售等。

采用此渠道策略,使生产者与经销商之间更容易协调。从生产者来看,有利于其产品占有一定的市场份额,且成本比宽渠道策略低;对经销商来说,这样可维持较稳定的产销关系,能有效地增加经销商销售额并获得稳定利润。

③独家经营的销售渠道策略　是指在一定的市场区域内,生产者只选择一家批发商或零售商经销其产品的做法。该情况经销商享有推销这种产品的一切权利。一般来说,单价高的农产品才可考虑采用独家经销。多数农产品销售不采用这种渠道。

(3)中间商选择策略　生产者在对销售渠道做出选择之后,就要对中间商进行选择。

①对批发商的选择　批发商为从事进一步转售、生产和加工,或为其他用途而出售商品的交易行为。选择批发商时主要考虑其在商品进货量、市场销售范围、商品分配和运输、贮存、资金融通、风险承担及促销服务等方面的能力。农产品批发商多以批发市场、集贸市场、集散与中转市场等为落脚点。

②对零售商的选择　零售商的任务是把商品直接供应给最终消费者。零售商在销售前对生产者与批发商的服务,销售过程或售后对消费者服务。对零售商的选择标准注意考虑四个方面:一是其接近目标市场的程度,零售网点是否拥有大量的顾客。二是其地理位置是否适宜于消费对象选购。消费者往往愿意到同类竞争性商品集中的地区选购。在顾客流量较大的地区选购者会相应较多。三是零售商及其销售人员是否具备销售自己产品的相关知识和经验。四是零售商的贮运能力,零售店应按时付货和有一定的运输能力。

三、农产品贸易的促销策略

(一)促销的含义与作用

1. 促销的含义　促销就是促进销售,是以人员或非人员的方式,帮助或说服顾客购买某商品或劳务,或者是使顾客对卖方的营销产品或经营观念产生好感。促销的实质是在买卖双方之间进行的信息沟通,主要是卖方向买方传达关于企业和产品的信息。沟通信息的方式分为非人员方式(如卖方所做的广告、文字宣传等“单向沟通”)和人员方式(买卖双方都是信息的发出者,也同时是信息的接受者,是“双向沟通”)。

2. 促销的作用　促销的主要任务是传递企业和商品信息,并借此推动商品的销售。其具体作用主要表现如下:一是沟通信息。生产者向中间商和消费者提供关于产品等方面的信息。二是扩大需求。通过向消费者和公众传递产品信息来诱导和创造需求,达到增加需求的目的。三是突出特色。通过促销活动宣传自己产品与竞争产品的区别,强调并突出自己产品的特点,使消费者加深对产品的了解,从而增加销量。四是产生偏好。通过促销活动,使消费者对特定产品产生偏好,保证产品销路畅通,市场地位稳定。

(二)促销方式的各自特点

促销方式包括人员推销、广告、公共关系和营业推广。不同的促销方式具有各自的优缺点(表 4-1),由此决定了不同促销方式所适应的情况不同。在农产品贸易中要注意结合自身产品特点和经营实力,扬长避短地选择合适的促销方式。

表 4-1 不同促销方式的优缺点

促销方式	优 点	缺 点
人员促销	面对面沟通，便于及时发现或解答顾客所提出的问题或疑问，促成贸易的及时成交	费用大，促销范围窄，对推销人员要求较高。在农产品批发贸易中可适当应用
广 告	辐射面广，可多次重复宣传，可使促销信息通过加工设计更艺术化，使人对传递的信息印象深刻	信息量和说服力有限，不易促成及时成交的购买行为
公共关系	以树立经营者形象和信誉为核心的公共关系，如果处理得当可带来长远利益	见效慢，一般不是为追求眼前利益而进行的
营业推广	为获得眼前短期利益而进行的营业推广，方式灵活多样，对消费者购买刺激快，方法得当有一定吸引力，如现场陈列和示范、贸易推广等	短期刺激可能使消费者产生疑虑

(三)促销策略选择

对农产品促销问题，重要的是首先搞清楚自身实力、产品特点和竞争及贸易需要等情况，然后再对促销预算、促销范围和具体促销方式等做出具体决定。

1. 促销预算视促销主体和经济实力及产品特点而定 从主体上说，如果促销活动不是生产者自己出面搞，而是由当地乡镇或县市等各级政府出面，统一宣传本区域主要特色农产品的，生产者就可借船出海。如果是亲自搞促销：一要看自己在经济上有多大实力承担促销费用；二要考虑是否有能力使促销的钱使用得当，取得良好效果。自己对促销没经验或对促销效果无把握时，可以适当咨询懂行人员或请专业公司帮忙。从产品特点讲，如果生产的农产品在质量、包装和品牌等方面特色不明显，则没必要通过广告促销，以免让竞争者搭便车。

2. 促销覆盖面要视产品现在和将来占领的目标市场范围而定　采用人员促销时，对促销的范围比较容易控制。当采用广告方式促销时，需考虑促销信息通过不同传播媒体发布，能够波及的消费对象和范围。产品的贸易范围越广，需要将促销信息发布的范围也越广，越应当选择信息传播和影响范围大的媒体。媒体传播范围一般有本地区域性的和全国性的。而随着媒体势力范围的扩大，其促销费用也随之大增，因而绝不能盲目求大。

3. 促销方式必须紧密结合贸易形式的需要来确定　例如，当农产品贸易以批发方式进行时，由于目标顾客是中间商而非个别消费者，因而可采用人员促销方式，提高一对一的沟通效率。若经营的农产品是面向较大的市场范围和许多消费者零售的，则可考虑结合广告、营业推广或人员促销等多种形式强化信息沟通。同时，促销内容必须以突出农产品自身特色为主，如传递与农产品相关的利于健康安全、营养丰富、品质突出或食用方法便捷等信息。

第五章　学会农产品贸易的商务谈判

发展农产品对外贸易,必然涉及到国际贸易及与外商谈判的问题。无论是对外商品贸易,还是引进外资、引进技术等,都要经过谈判签约这一环节。谈判的成功与否,不仅影响到农民的利益和信誉,还关系到国家的利益和声誉。为此,从事农产品贸易的经营者和农民合作经济组织,既要组织好谈判的内容,又要十分讲究谈判策略和方法。否则,农产品贸易不仅不能给经营者或农民合作组织带来收益,反而会使其承担由此而来的贸易风险。

一、商务谈判的程序

农产品贸易中的商务谈判,大致要经历以下基本程序。

(一)谈判前的准备阶段

商务谈判直接影响交易活动目标的实现,关系到生产者的经济利益。而谈判前的准备工作做得如何,对谈判的顺利进行和取得成功至关重要。

谈判前的准备,大致包括以下几方面。

1. 选择对象　选择对象即选择谈判的对手。当己方决定争取实现某项交易目标而需进行商务谈判时,首先要做的准备工作就是选择谈判对象。选择谈判对象,应根据交易目标的需要和相互间商务依赖的关系,通过直接的或间接的先期探寻,即相互寻找、了解交易对象的活动,在若干候选对象中进行分析、比较与其谈判的可行性研究,找到己方目标与对象条件的最佳结合点,以实现优化选择。

2. 背景调查　在确定谈判对象的基础上，即应以“知己知彼”为原则，对谈判背景进行认真的调查研究。背景调查，包括对己方的背景调查，尤其要做好对谈判对象的背景调查。调查的内容，应包括环境背景、组织背景和人员背景等方面。背景调查实际上是谈判准备阶段的信息准备，要注重从多种渠道获取信息，建立谈判对象档案，并以动态的观点分析问题。

3. 组建谈判班子　商务谈判是一项有目标、有计划、有组织的活动，必须依靠具体的谈判人员去实现。所以，组建好谈判班子，是谈判前最重要的准备工作。在很多情况下，某些组织在即将进行的谈判中其实具有相当的优势。若缺乏优秀的谈判人员和协调有序的谈判班子，反而会导致谈判失败。因此，组建好谈判班子，是谈判取得成功的组织保证。一般来说，优秀的谈判班子的组建及运作，要抓好三个环节：一是人员个体素质优化，即按照一定的职业道德、知识能力、心理、体力等要求，做好对谈判人员的挑选。二是班子规模结构适当，即一方面应根据谈判的客观需要的资源条件，使谈判班子规模适当；另一方面应从组织、业务、性格、年龄等构成方面进行科学调配，使谈判班子结构合理、珠联璧合。三是实现队伍有效管理，即通过谈判班子负责人的挑选和履行其职责，通过确定谈判方针和高层领导适当干预，实现对谈判队伍间接或直接地有效管理。

4. 制订计划　谈判计划，是谈判前预先对谈判目标、谈判方略和相关事项所做的设想及其书面安排。它既是谈判前各项主要准备的提纲挈领，又是正式谈判阶段的行动指南。谈判计划是谈判的重要文件，应注意它的保密性，最好限于主管领导和谈判班子成员才可参阅。谈判计划的制订原则，应当简要、明确、灵活。制订程序，应在明确谈判目标以及所要采取的谈判策略的基础上，经谈判班子成员集思广益精心编制，报主管领导审批确定。其主要内容包括：谈判的基本目标、主要交易条件、各方地位分析、人员分工职责、时间和地点安排、谈判成本预算、谈判策略谋划、必要说明及附件等。

5. 模拟谈判 模拟谈判，是正式谈判前的“彩排”。它是将谈判班子的全体成员分为两部分，一部分人员扮演对方角色，模拟对方的立场、观点和风格，与另一部分己方人员对阵，预演谈判过程。模拟谈判可以帮助己方谈判人员从中发现问题，对既定的谈判计划进行修改和加以完善，使谈判计划更为实用和有效。同时，能使谈判人员获得谈判经验，锻炼谈判能力，从而提高谈判的成功率。模拟谈判的原则是：一要善于假设，提出各种可能出现的问题；二要尽量提高仿真程度，假戏真做；三要把促使对方做出己方希望的决定作为模拟谈判目标；四要认真总结经验，进行必要的反思。模拟谈判的形式，除现场演练以外，还可根据谈判的实际需要，采用列表回答、提问论辩等。

(二)谈判阶段

谈判前准备阶段的各项工作完成后，便可以按照谈判计划的时间和地点开始正式的谈判阶段。这个阶段，就是谈判当事人为实现预定的交易目标，就交易条件与对方协商的阶段。它是全部谈判程序的中心和关键。

谈判阶段，依照活动过程可以分为若干相互连接的环节或步骤。为了简明，这里划分为以下三个环节。

1. 开局 开局是指谈判当事人各方从见面开始，到进入交易条件的正式磋商之前的这段过程。开局的主要工作有三项。

(1)营造气氛 即通过相互致意、寒暄、交谈等，营造一种和谐、融洽、合作的谈判气氛，使谈判有一个良好的开端。

(2)协商通则 即根据谈判议题先对谈判目的、计划、进度等非实质性的安排进行协商，并相互介绍谈判人员。在英文中，目的(Purpose)、计划(Plan)、进度(Pace)、成员(Personalities)的第一个字母均为P,故简称“4P”。

(3)开场陈述　即分别简介各自对谈判议题的原则性态度、看法和各方的共同利益。各方陈述后,有时需要做出一种能把各方引向寻求共同利益的进一步陈述,这就是倡议。同时,通过对对方陈述的分析,也可大体了解对方对谈判的需要、诚意和意向,这就是探测。开场陈述之后,谈判即导入实质性的磋商。

2. 磋商　磋商即按照已达成一致的谈判通则,开始就实现交易目标的各项交易条件进行具体协商、讨价还价。它是谈判阶段的核心和最具有实质意义的步骤。磋商过程又包括三个步骤。

(1)明示和报价　明示即谈判各方通过各种信息传递方式,明确地表示各自的立场和意见,暴露出分歧点,以便展开讨论。报价,不仅指在价格方面的要价,而且泛指谈判一方向对方提出的所有要求。

(2)交锋　交锋即谈判各方在已掌握的各种谈判信息的基础上,为了实现各自的谈判目标和利益,针锋相对、据理力争、反驳论辩、说服对方这样一个沟通交流的过程。交锋常常是一个充满着挑战性的艰辛过程。交锋中,作为谈判人员,一方面要坚定信念、勇往直前;另一方面又要以科学的态度、客观的事实、严密的逻辑,倾听、分析对方的意见并回答对方的质询。

(3)妥协　妥协就是经过激烈的交锋,为了突破谈判僵局,防止谈判破裂和实现谈判目标所做出的让步。实际上,商务谈判不能“一口价”,磋商中的交锋也不可能各方一直无休止地争论和坚持己见。为了寻求都可以接受的条件和共同利益,适时、适当的妥协是完全必要的。妥协的原则应是:有所施、有所受,或者说,有所失、有所得。在商务谈判中,成功的谈判应当各方都是赢家。而这种“双赢”的结果,必须从各方共同利益的大局着眼,求同存异、互谅互让。从这个意义上可以说,善于做出妥协让步,恰恰是谈判人员成熟的表现。

3. 协议 协议即协商议订，就是谈判各方经过磋商，特别是经过交锋和妥协，达到了共同利益和预期目标，而拟订协议书并签字生效。协议，标志谈判的成功。之前谈判席上唇枪舌剑的对手，顿时亲密无间、互致祝贺。

(三)履约阶段

经过谈判阶段，除中途破裂、分道扬镳者，多数达成协议。而谈判破裂者，有一部分还会重开谈判，最终言归于好。达成协议，是谈判各方反复磋商取得的共识。而且，谈判达成一致的条件均具有不可更改性，即只要谈判各方达成协议、签字生效就不能再随意更改，这叫做谈判结束的“不二性”。所以，达成协议，应当说是谈判成功的结果和标志。但是，达成协议又只是交易合作的开始，许多合同内容如交货、支付等都只能是后续工作。因此，从实现交易目标的角度，达成协议绝不是大功告成。完整的商务谈判程序，必须包括履约阶段。

履约阶段，主要工作是检查协议的履行情况，做好沟通并认真总结。其中，如对方违约，应按照协议索赔；出现争议，需按照协议仲裁。只有在整个合同期协议的全部条款得到了落实，谈判各方的交易目标及其交易合作才真正实现，谈判才划上了圆满的句号。

二、商务谈判的主要内容

在国际贸易中，为了进出口农产品而进行的买卖双方的商务谈判，所涉及的内容(条款)很多。这里介绍几个主要的方面。

(一)商品数量条款

商品的数量是交易的主要条件之一。为了确定准确的成交数量，必须首先确定所采用的计量单位和计量方法。

通常使用的计量单位有：重量、个数、长度、体积、面积、容积等。

度量衡制度，国际上常采用公制、英制和美制三种，我国采用公制。

计算重量的方法有：毛重、净重、公量和理论重量。在实际交货时可按合同规定数量上下浮动一个百分点，可以偏离合同数量多少应在合同中明确规定溢、短装条款。

（二）商品品质条款

目前，在国际贸易中，一般采用凭样品、凭规格、凭等级或标准的方式，并在此基础上凭牌号或商标、说明书和图样等方式，表示商品的品质。在商品贸易谈判中，按什么品质标准买卖，应经双方协商，并参照国际惯例做出明确规定。

（三）商品价格条款

国际贸易中使用的价格术语很多，其中以 F. O. B.（离岸价格）、C. I. F.（到岸价格）和 C. &. F.（离岸加运费价格）三种价格术语最为常用。这三种价格术语有关买卖双方责任的划分，国际上有多种解释，如对装船、订舱含义的理解不尽相同。因此，在交易的谈判中，应当对装船的概念予以明确，并在合同中加以规定，以分清双方所应承担的风险、责任和费用。我国进口货物，一般争取 F. O. B. 或 C. &F. 价格，而出口的一般均按 C. &F. 报价成交。

（四）商品包装条款

交易合同中的包装条款，主要包括包装材料、包装方式、包装费用和运输标志等项内容。在交易谈判中，我们应重视对包装条件的规定，一方面对双方议定的包装条件，必须在合同中做出明确具体的规定（应包括包装的用材、尺寸大小、每件的重量、数量、填充物料和加固设备等),不能含糊不清;另一方面对外商客户提出的一时还不能办到的包装要求,我们不能轻易接受。

(五)商品运输条款

商品装运方面的条款主要有:装运期和交货期、装运港和目的港、装运通知、分批装运和转船等内容。在我国进出口货物,一般采用装运港交货条件,货物装运的时间,就是卖方交货的时间,故装运期和交货期在时间概念上是一致的。因此,在实际业务中,货物的装运时间即装运期,在 F. O. B. ,C. I. F. 和 C. &. F. 以装运港为交货地点的价格术语下,就是指卖方的交货时间,卖方必须将货物装上船。如果在按目的港船上交货条件下,装运期和交货期被截然分开,它们是含义完全不同的两个概念。为此,在谈判合同中,必须对装运港和目的港做出明确、合理的规定。

(六)支付工具和支付方式条款

在对外贸易中,货款收付一般是通过货币和以货币表示的各种单据(如汇票、支票和本票)来实现的。我们在选用外国货币时,既要考虑货币发行国家对我国的政治态度,又要考虑所使用货币的稳定性和可兑换性。在国际贸易的结算中,汇票是使用最广的支付工具。货款的支付方式,我国常用汇付(有信汇、电汇、票汇三种办法)、托收(或称跟单托收)和信用证。此外,应用较多的还有分期付款和延期付款等支付方式。

(七)商品检验条款

对进出口商品检验主要是指对商品的品质、数量、包装等实行检验和公正鉴定,以确定其是否同商品买卖合同有关标准规定相一致,并出具证明作为买卖双方交接货物、支付货款和处理索赔的依据。商品检验的条款主要包括:买方的复验权、检验时间、检验地点、检验证书、检验机构等内容。

(八)不可抗力条款、索赔条款和仲裁条款等

不可抗力就是在合同签订以后，不是由于任何一方当事人的过失，而是发生了当事人所不能预见、也无法事先采取预防措施的意外事故，如由“自然力量”引起的火灾、水灾、暴风雨、地震和由“社会力量”引起的战争、罢工、政府禁令等，以致不能履行或不能如期履行合同。对不可抗力的后果，可以由双方当事人在合同中加以具体规定，在哪些情况下可以解除合同，在哪些情况下只能暂时中止合同。

如果不是由于不可抗力引起的违约损失，违约方就要赔偿。受损失的一方向违约的一方提出赔偿的要求，称为索赔(一般是进口商)；违约的一方处理对方的索赔要求，称为理赔(一般是出口商)。进出口合同中的索赔条款有两种规定方式：一种是异议和索赔条款。此条款除了明确规定一方如违反合同，另一方有权提出索赔之外，主要还包括索赔的依据、索赔的期限、赔偿损失的办法和金额等项内容。另一种是罚金条款，即违约方应向对方支付一定数额的约定罚金，以补偿对方的损失。罚金金额的大小，视延误时间的长短而定，并规定出最高的罚款金额。

在国际贸易中，买卖双方发生争议时，处理争议的方式有：友好协商、调解、仲裁和诉讼等。对外贸易仲裁，是指经买卖双方达成协议，在双方发生争议时，如通过协商、调解不能解决，自愿将有关争议提交给双方所同意的第三者进行裁决。对外贸易合同中的仲裁条款，是属于双方当事人在争议发生之前所达成的仲裁协议，而不是争议发生之后。合同中的仲裁条款包括：仲裁地点、仲裁机构、仲裁程序、仲裁费用和仲裁效力等内容。

三、商务谈判的策略

商务谈判过程可以划分为不同的阶段。比如开局阶段、磋商阶段、结束阶段。在不同的商务谈判阶段，谈判人员总会选择一些略带明显的主导性的策略，制定不同的谈判策略。当然，由于商务谈判涉及的问题复杂多变，在谈判过程中，谈判人员往往把多种策略同时综合运用。在这里，我们依据开局阶段、磋商阶段和结束阶段的划分，介绍（或重复）一些谈判进程的应对策略。需要说明的是，在现实的谈判过程中，相同的策略可以运用在不同的阶段。需要谈判人员灵活运用。

（一）开局阶段策略

谈判开局是商务谈判过程的起点。开局的好坏在很大程度上决定着整个谈判进一步发展的状况与前途，谈判人员应给予充分的高度的重视。

任何谈判都是在一定的氛围中进行的。谈判人员的首要任务就是积极创造和谐的谈判气氛，其次是运用自然的话题转入实质性的谈判阶段上，最后是向对方陈述自己的观点、立场，同时注意观察和推测对方的意图。

开局阶段策略的选择需要考虑多方面的因素。首先，应考虑谈判双方的关系。如果彼此过去有往来，关系较好，那么，这种友好关系应该作为双方谈判的基础。在这种情况下，开局阶段的气氛应该是友好的、热烈的、真诚的、轻松愉快的。开局内容的选择可以回顾过去的友好交往。寒暄之后转入谈判正题。如果没有交往，或曾经有交往没有成功业绩，也需要根据具体情况创造良好的谈判氛围。其次，考虑双方谈判人员个人之间的关系。谈判虽然多为群体行为，但它需要通过个体之间的相互交流来进行。如果双方人员有交往接触，并结下友谊，可以选择在开局阶段畅谈友谊。一旦彼此建立和发展了私人感情，那么，提出要求、做出让步、达成协议就不是一件太困难的事。再次，考虑双方的谈判实力。实力不同，可以考虑不同的策略。在本章的后面将做专门介绍。

开局阶段常见的策略举例如下。

1. 留有余地策略 这种策略实际上是“留一手”的做法。它要求谈判人员对所要陈述的内容应留有余地，以备讨价还价之用。从表面来看，这种策略与开诚布公相抵触，但也并非是绝对的。两者的目标是一致的，都是为了达成协议，只是实现目的的途径不同而已。不可忽视的是，留有余地的策略如何运用要因对手而异。

2. 开局陈述策略 在任何商务谈判中，开始的陈述都非常重要，它往往决定谈判的整个基调。开局陈述主要包括向对方叙说自己的观点和立场。它要求陈述的内容应言简意赅、诚挚友好。因为诚挚的陈述开局一般会得到良好的反应，言简意赅的陈述容易让对方把握要领，尽快切入主题，避免在枝节问题上纠缠。在听清对方基本观点后，另一方就可以谈自己的观点了。在发言中应保持其意图原貌，不受对方发言的影响。

对于开局陈述，有两种不同的看法。

一种看法认为，应抓住机会抢先发言，以争取谈判中的主动，并为未来谈判定方向。抢先发言有很多优点。抢先发言可占先入为主之利，宣扬自己的观点和论据，并对谈判过程进行必要的暗示，还可以对对方的目标进行影响，告诉对方我方已摸清“敌”情。此外抢先发言在心理上占有优势。

另一种看法认为，谈判开始应保持沉默，迫使对方先发言。沉默是谈判中的一个重要技巧。从国际商务谈判的实践看，大部分美国人较难对付这种技巧，美国人难于忍受沉默寡言，在死一般的沉静之中，他们会不安、忙乱，最后开始唠叨起来，这种策略主要是给对方造成心理压力，使之失去冷静，发言就可能言不由衷，泄露许多对方急于获得的信息，同时还会干扰他们的谈判计划。

开局陈述的时机应根据不同的对手、自己的实力和市场需求情况而定。如果谈判双方都不肯先发言，致使开局出现冷场，在这种情况下，谈判的东道主应有主人的风度，以热情友好的言语先讲话。

3. 察言观色策略 谈判对手的性格、态度、风格以及经验等情况，是借助他的言谈举止来体现的。通过对对方的目光、手势的观察来判断谈判人员的态度和意向，进而确定其他谈判策略。例如，在开局之初谈判对手就瞻前顾后、优柔寡断，显然这是位犹豫型的谈判者。又如，如果对方一开始就从容自若、侃侃而谈，设法调动起对方的谈判兴趣，或是巧妙地谈些中性话题，或是旁敲侧击、想方设法探测对方的实力、谈判人员的兴趣、爱好，那么很显然，这肯定是位行家里手。

（二）磋商阶段策略

磋商阶段是商务谈判的实质性阶段，是谈判双方竞智斗脑比实力的阶段。谈判策略的丰富复杂性在这个阶段体现得最充分。

1. 报价策略 这里所说的报价是指向对方提出自己的所有要求。在谈判中，报价和还价是整个谈判过程的核心和最重要的环节。在报价与还价的关系中，报价又是还价的基础。谈判人员必须遵守一定的原则。例如，报价态度要坚定，报价的表述要清楚，对报价不解释、不说明。作为供方讲，报价策略是“喊价要高”，需方的报价策略是“出价要低”。

（1）“喊价要高”的含义及作用 ①高报价给己方的要价规定了一个最高标准。报价一经抛出，一般来讲，己方就不能再提出更高的要价了。对方也不会接受比此更高的价格。②高报价为对方提供衡量和评价己方条件的尺度。③高报价为磋商留有余地。在商务谈判过程的还价阶段，高报价是很有用的交易筹码。④一般情况下高报价会获得较多的回报。⑤采用这个策略，谈判人员一开始就能削弱对方的信心，同时还能乘机摸清双方的实力和立场。

(2)“出价要低”的含义及作用　与“喊价要高”的道理是相同的，而立场是相反的。商务谈判的实践表明：倘若供方喊价较高，就容易以较高的价格成交；倘若需方出价较低，就易以较低的价格成交。需要指出的是无论是供方还是需方报价不能信口开河，漫天要价，盲目杀价。任何一个报价要能讲出道理，否则会阻碍谈判的顺利进行。

(3)报价具体策略　在商务谈判中，价格谈判占有突出重要的位置。制定报价策略的基本原则是不仅要考虑按报价所能获得的利益，还要考虑该报价被对方接受的可能性。

①价值在先，价格随后　谈判报价时应先谈项目的价值，等对方对项目的使用价值有所了解后，再谈项目价格问题。提出价格问题的最恰当时间，是对方询问价格的时候。因为这说明对方已对所提供的项目发生了兴趣，这时提出价格是水到渠成，可以减少谈判的阻力。

②价格分割策略　利用对方的求廉心理，将价格进行分割。它包括两种形式：用较小单位的价格报价和用较小单位的价值进行比较。

③价格比较策略　比较可以从两个方面来进行：一是将所谈项目的价格与另一种可比项目的价格进行比较，突出相同使用价值的不同价格。二是拿己方所谈项目的各种附加服务与其他可比项目进行比较，突出相同的价格的不同使用价值。

④价格差异策略　同类、同质产品因它的流向、客户需求急缓程度、购买数量、购买时间、付款方式不同会形成不同的购销价格。一般地说，对于老客户或大批量需求的客户，价格可适当打折扣，以建立稳定的供求关系。对于新的谈判对手，有时为了扩大市场面或挖掘潜在需求，亦可给予适当优惠。

2. 还价策略 这里的还价泛指谈判双方针对对方的报价和策略而使用的反提议和相应对策。还价策略很多，举例如下。

(1)摸清价格虚实的策略 在还价阶段弄清对方报价的虚实，是谈判人员在还价过程中首先要解决的问题。

摸清对方报价虚实需要遵循以下一些基本的原则：不要将任何事情视为理所当然，对报价内容都要进行调查；对缺少报价依据的提议要持怀疑态度；在询问调查中应主、次分明，认清关键问题，不要被对方所迷惑。

在谈判一方拒绝提供与报价相关资料的情况下，应采取摸清报价真相的策略。具体做法如下：强调按谈判的议事日程办事。在第一个程序未完之前，阻止进入下个程序；运用竞争的力量挤出真相；称赞对方的信誉和经营思想，以此迫使对方为我方的询问调查提供方便；动用国家的法律、政策向对方施加压力，了解真相；在未了解真相前延期成交。如果无法了解真相，谈判只好告吹。

(2)投石问路策略 投石问路策略用在还价中，常常是借助"假如……那么……"或者"如果……那么……"的问话来实现的。这样的问话在谈判中往往很有效用。例如，"假如我与你签订长期合同，那么你怎样让步呢？假如我方让你在淡季或产品的衰退期接下订单，那么你会怎样？假如我方向你提供技术咨询，那么你会给我方什么优惠？"对这些问题的回答，对方往往会暴露他的底数或留下口实。

如何对付"投石问路"策略呢？有经验的谈判者在接到对方"假如，那么"的问话时，总是仔细考虑后再给予答复。通常的做法是：不对"假如，那么"的要求马上估价；要求对方以承诺一些提议作为条件，才给予回答；反问对方是否马上签订合同；转移对方的注意力；用"我们都可以考虑一下"的回答拖延时间，以便充分考虑再做回答。谈判的实践表明，有效地运用"假如，那么"问话和应对这种问话的方式，可以使谈判双方达成公平协议。

(3)吹毛求疵策略 在谈判的还价中，谈判一方为了实现自己的利益，专门对对方的提议或产品再三挑剔，提出一堆问题和要求，迫使对方在他身上先做一笔时间和精力的投资，最终争取到讨价还价的机会。如何对付“吹毛求疵”的策略？通常的做法是：必须沉住气，因为对方的挑剔和要求，有的是真的，有的是虚的；遇到了真实的问题，要能直攻腹地，开门见山地和对方私下商谈；要学会运用大事化小、小事化了的技巧；对于无谓的挑剔或无理的要求要给予理智的回击；己方也可以提出某些问题来加强自己的议价力量。

(4)不开先例策略 当需方所提的要求使供方感到为难，供方可以运用这一策略来对付。不开先例策略的内容是，供方主谈人向需方解释清，如果答应了你的要求，对我来说就等于开了一个先例，这样就会迫使我今后对其他客户也提供同样的优惠，这是我方所负担不起的。谈判的实践表明，这种不开先例的策略，对于供方来说，是一个可用来搪塞和应付需方所提的不可接受要求的简便办法。

(5)最后通牒策略 当一方在谈判中处于有利地位，而双方的谈判又因某些问题纠缠不休时，一方可运用最后通牒策略。运用最后通牒策略必须慎重，因为它容易引起对方的敌意。人们运用最后通牒策略，总希望能够成功，那么具备什么条件才会使最后通牒成功呢？第一，送给对方的最后通牒的方式、时间要恰当。第二，送给对方的最后通牒的言词不要太锋利。立场太“硬”的最后通牒容易伤害对方的自尊。第三，送给对方最后通牒的根据要强硬。第四，如果你能替自己的立场提出什么文件或道理来支持，那就是最聪明的最后通牒了。第五，送给对方的最后通牒的内容要有弹性。第六，最后通牒不要将对方逼上梁山，别无他路可走。应该设法让对方在你的最后通牒中选择出路。

(6)积少成多策略 这种策略是指在向对方索取东西时一次

取一点，最后聚沙成塔。这一策略抓住了人们对“一点”不在乎的心理，所以在还价中很奏效。利用这一策略时，不要引起对方的注意。此外，运用这一策略的主谈人应具有小利也是利的思想。纵使是对方小的让步，也值得去争取。

3. 休会策略 这是谈判中用得较多的策略。它是在谈判过程进行到一定阶段或遇到某种障碍时，谈判双方或一方提出休会，暂停几分钟，以利于谈判双方有机会恢复体力和调整对策，以推动谈判的顺利进行。通常在以下几种情况时适合采用休会策略。

①在谈判即将出现僵局时。此时休会便于双方冷静思考，客观地分析形势，及时地调整对策。

②在谈判出现低潮时。

③在谈判一方有不满情绪时。

④在谈判的某一阶段接近尾声时。

⑤在疑窦难开时等。

4. 开放策略 开放策略要求谈判人员在涉外谈判过程中，应坚持开诚布公的态度，向对方坦露自己的真实思想，以促使对方通力合作，使谈判双方在诚恳、坦率的气氛中有效地完成各自的使命。开放策略的取舍要看对方的诚意，一般在探测阶段将结束时可采用。因这时对方的策略、目的、风度、风格等已初露端倪了。开放的程度要适当掌握，不能全部开放。

（三）结束阶段策略

经过讨价还价的反复磋商，克服了一个又一个的障碍和分歧，谈判双方都会程度不同地向对方发出签约意愿的信号。在这一阶段可采用如下策略促成签约。

1. 期限策略 这一策略买卖双方都可以采用。供方利用期限的力量促成签约的方法有：向需方指出“存货不多，欲购从速”；向需方解释，我们只剩下这么多货了，新的产品要过××时间才能生产出来；向需方示意其他用户已等得不耐烦了；这个优惠价的截止日期是××；如果你现在还不与我们签订合同，我们就无法按你规定的期限交货了；惟有立刻订货，才能保证季节前到货；告诉对方由于受某些因素的影响，若不尽快签约，以后难免遭受损失。

需方利用期限的力量促成签约的方法有：假如对方的某项条件不肯让步，我们只好另找门路了；我方来电催促，要求5天以内必须到货，否则就不买了；我们不接受××日期的订单；你先考虑，我去接待其他客户；告诉对方这时成交效果最好。

2. 优惠策略　向对方提供某种特殊的优待作为尽快签订合同的鼓励。例如，采用打折扣、附送零配件、提前送货、允许试用等手段可促使尽快签约。

3. 行动策略　假设主要问题已基本谈妥，谈判双方都可采用大胆行动，促成签约。如果你是需方可以拿起笔来草写协议，边写边询问对方喜欢哪一种付款办法。如果是供方可以边写边询问对方愿意将货物运送到哪个地点或仓库等。

4. 提出细节　谈判一方主动向对方提出协议或合同中的某一具体条款的签约细节问题。例如，验收条款，共同商量验收的时间、地点、方式以及技术要求等。

5. 暗示结束　谈判一方可以给对方一个购货单的号码、明信片，或者和他握手祝贺谈判成功。这些做法有助于促成签约。

第六章 回避农产品贸易风险

我国加入世界贸易组织之后，农产品市场与世界市场的联系更加紧密，国外农产品凭借其价格和技术优势乘机进入中国市场，对我国农产品产销形成了巨大压力，农产品贸易市场竞争从国内转向国外，在国内、国际双重竞争下，我国农产品市场进一步国际化，由此产生的农产品贸易风险日益增多。农产品贸易涉及海关、磋商、订立合同、商检、运输等诸多环节，而贸易风险几乎在每一个环节中都会出现，从而影响贸易顺利进行。作为农户或农业经营者在追求贸易利益的同时，应当高度重视贸易风险，采取相应措施应对或回避风险。

一、农产品贸易风险的产生原因及其类型

(一)农产品贸易风险的性质

贸易风险是商品交换环节中出现损失或获得利益的不确定性。正是由于贸易风险的不确定性，人们往往会冒风险或回避风险、成功地战胜风险，将风险转为额外的收益，而万一遭遇风险，损失或代价必将是很大的。因此，风险是一把双刃剑，它既会带来可观的收益，也会给农户或农产品经营者带来难以承受的损失，尤其是跨国交易，涉及到不同国家或地区的制度、法律、政策措施与贸易惯例，情况错综复杂，极容易产生种种风险，使得风险的不确定性随时随地存在。做好农产品贸易，应将贸易风险作为一个重要的决策变量纳入贸易活动中，把好农产品贸易中的每一个环节，合理化解、分散贸易风险。

(二)农产品贸易风险的类型

影响农产品贸易的因素错综多变,贸易风险非常复杂,概括起来有以下几种类型。

1. 自然风险 自然风险是指由于自然现象或物理现象所导致的风险。如洪水、地震、风暴、火灾、泥石流等所导致的人身伤亡或财产损失的风险。在农产品贸易中,是指由于存在自然的因素给农产品贸易带来损失的可能性。农产品是农业的最终产品,农业是以有生命的生物作为生产经营对象,利用太阳能、生物、土壤、气候等自然力的作用,进行生产的物质生产部门,寄托于自然、受控于自然。农作物生长周期长,对自然环境和自然条件依赖性强,任何自然灾害现象,如洪涝、干旱、冰雹、霜冻、阴雨、病虫害等,均会影响农作物在生长、存贮、运输等环节的生命状态,可能因此造成减产、质量降低,从而使经济主体的收益减少。自然风险是农产品贸易中遭遇到最基本也是最多的风险。

2. 社会风险 社会风险是指由于个人行为的反常或不可预料的团体行为,所导致贸易损失的风险。如偷窃、抢劫、罢工、动乱、战争等。其产生有两种情况:一是由于个人行为失常,如盗窃、疏忽等而引起贸易损失的风险;二是由于不可预料的团体行为,如罢工、战争等引起贸易损失的风险。由于社会风险成因复杂、不易掌握、突发性强、破坏性大等特点,一旦发生,将会对农产品贸易活动主体带来不可估量的损失。在社会风险问题方面应当依靠政府及社会力量统筹解决。

3. 经济风险 在社会经济生活中由于通货膨胀或紧缩、外汇行市的变动、商品的供给与消费需求变化、生产经营管理失误等各种经济因素而产生的风险。农产品交易主体在进行营销贸易活动中,会遭受社会宏观环境的变化、市场竞争、供需矛盾等外部因素的直接影响,也会遭受主体内部由于筹资、投资、配资决策失误带来的风险影响。

经济风险中最主要的是价格风险。国际贸易的重要诱因是商品价格的差异，而价格风险是始终存在的，在同等条件下，商品价格不同或波动，会给各利益主体带来收益上的损失。在农产品贸易中价格波动同样会带来风险。农产品在国际市场上更是如此，在政治风险方面，如战争、政治动乱，自然风险如干旱、洪水、暴风雨等，以及农产品供求因素，如收获的季节性和需求的季节性等，会通过价格传导机制而直接影响产品的价格。当前，在农产品国际市场中，特别是一些大宗农产品市场，主要是买方市场，激烈的市场竞争也会导致价格在较短时期内大幅度波动。

还有一类经济风险是汇率风险。外汇汇率的不稳定，会给国际贸易带来巨大的风险。在国际贸易活动中，商品和劳务的价格一般是用外汇或国际货币来计价的。目前大约70%的国家用美元来计价。但在实行浮动汇率制的今天，由于汇率的频繁波动，生产者和经营者在进行国际贸易活动时，就难以估算成本费用和利益部分。以贸易出口商为例，出口商一般会面临两种外汇汇率风险：第一种风险，是出口商在合同中使用的作为计价货币的外汇贬值，使得其应收回的本国货币量减少；第二种风险是出口商应收的外汇升值，从而使出口产品在国外市场相对更加昂贵，而使出口商面临降价的压力。

4. 技术风险　由于科学技术发展给农产品贸易带来负面影响而导致的风险。如在交易的农产品中含有农药残留物、化肥元素含量超标，或人们不愿接受的基因产品等对自然环境或人类本身的危害，而产生的过高成本或潜在贸易损失。尽管一些新的农产品科技含量很高，但在其运行过程中存在的不确定性，或由于农作物本身因素引起的发病、虫害、变质等，有的农产品品种会优质高产，但有时会由于作物品种性质变异的作用，出现优质不高产或高产不优质现象；还有的品种对其生长的光、热、水、土壤等条件有严格要求；农产品精深加工中技术创新也会受许多不确定因素的影响，存在着巨大的风险。这些风险来自农业技术本身、农业技术市场化和社会可接受的程度等方面。

与此相对应的是技术贸易壁垒风险。技术贸易壁垒，是一种新的贸易壁垒，如绿色壁垒、转基因技术壁垒等，它是以科学技术的应用为特征的，对进口产品进行技术限制，而对本国市场和产业实施保护的措施。对于出口商来讲，产品达不到进口国所制定的技术标准就进入不了其市场，因而给出口商带来风险并遭受损失。进口国尤其是一些发达国家，常常以人类健康、安全以及环境保护为由，行贸易保护之实，抬高或不断出台新的技术贸易壁垒。在国际贸易实践中，进口国的技术贸易壁垒增加了农产品出口的显性成本和机会成本，资源型农产品或生产成本低廉的优势减弱，使农产品出口贸易屡遭技术贸易壁垒风险。

随着现代生物工程技术如转基因技术在农业领域的广泛应用，转基因农产品已出现在国际农产品市场上，由于转基因农产品的成本下降、技术含量升高，使得传统农产品的竞争优势趋弱，市场竞争更加激烈。但是，由于人们对转基因产品技术及其可能产生的潜在风险仍没有取得共识，因而进行转基因产品的国际贸易存在着新的贸易风险。

5. 信用风险 在农产品贸易中，贸易主体之间签订和履行经济合同时，由于没有严格执行经济合同而发生经济纠纷，从而产生的经济损失或信用丧失的风险。这部分风险包括单方面变更或解除合同、不遵守和执行合同中规定结算期限或数量、拖欠货款，给经济主体一方造成经济上的损失，另一方则会因此丧失信誉。

国际贸易中进出口商双方在货物的品质、数量、价格、运输、保险等主要交易条件达成一致的情况下，付款条件就成为将来顺利履行合同的关键。但是，在激烈的买方市场上，采用传统的信用证方式时进口商通常预先要缴纳一定数额的开证保证金和有关手续费，一般不愿意接受这种方式。而且，对出口商来说，信用证方式的单、证繁琐，条款严格，极易出现单、证不符。近年来国际贸易付款条件由传统的信用证方式改为付款交单、承兑交单、赊销等付款条件为主，如欧美国家，特别是在欧盟内部，很多进出口业务是非信用证方式的，出口商为了不失去贸易机会往往接受非信用证方式。因而由银行信用转为商业信用后进口商能否履行付款义务，重在其信用。在执行合同过程中，常常会出现国外农产品进口商因资金困难而拖欠货款，或信用较差、故意诈骗等给贸易出口商造成风险的事件，尤其是贸易欺诈呈上升趋势，致使贸易信用风险增加。

二、回避农产品贸易风险的主要方法与对策

农产品贸易中的风险时时刻刻都存在，我们应当树立风险防范意识，建立完善防范风险机制，并使之在贸易过程中有效运行，从而达到有效控制农产品贸易风险的目的。

(一)完善农产品信息系统建设

要想有效地控制农产品贸易风险，必须首先具备完善的农产品市场相关信息。具体包括各种农产品在一定时期的国内、国际供给需求信息、农业监测及预报信息、风险评价信息、农产品科技信息、气象灾害服务信息及国家政策法律信息、信用评价信息等。农产品市场信息系统向信息的使用者提供尽可能全面、详尽的有用信息，便于信息的使用者做出正确的决策，起到预测风险、分析风险、防范风险的作用。

完善农产品信息系统建设，建立风险预警系统，这是风险控制的前提条件。在当今信息技术日新月异的知识经济时代，信息技术已成为生产力发展最具代表性的先进技术。信息系统的建设是

一个复杂而庞大的系统工程，首先应具备全面高效的信息传输设备硬件及软件系统作为基础；再者需要有高素质、娴熟的网络技术管理及维护人才作为后盾。各种农产品在一定时期的供给需求信息、农业监测及预警信息、风险评价信息、农产品科技信息、气象灾害服务信息及国家政策法律法规信息在相关的站点定期提供，通过互联网技术建立站点之间快速连接，使经济主体能够获取充分的相关信息资料，以便采取相应的策略。

（二）完善农业保险体系建设

农业是国民经济的基础，也是风险性较大的活体弱质产业。农业生产自然风险大，为了增强农业的风险承受能力，需要建立农业保险制度和保险体系。在国外，农业保险已成为政府支持农业的重要手段，尤其是发达国家，保险制度更为健全。而我国政府对农业的支持，多为救灾和价格补贴，农业保险制度运行不能适应世界贸易框架下农业市场化、产业化的发展，同时国内缺乏农业方面专门的保险业务和法律。我国的保险业务大多集中在人寿、财产等商业领域，对农业的保险立法几近空白。我国可利用“绿箱政策”中所规定的“政府对农业所提供的一般性服务政策不加限制”的原则，通过加强农业立法、发展政策性农业保险，以降低我国农作物贸易的风险。

（三）进一步发展和完善外汇市场体系

逐步探索建立国内企业、金融机构和贸易商都可以参与的外汇即期市场、远期市场，条件成熟时可以考虑建立和完善外汇期货市场和期权市场，提供外汇风险管理的机制和手段。另外在金融基础较为发达的城市发展外汇市场体系，同时建立配套的交易、结算、信息披露和金融监管体系；进一步发展和完善以市场为基础的、有管理的浮动汇率制度，发挥好汇率、利率和货币政策的调节作用，有步骤、有选择地放松外汇和资本管制，减少跨国交易的成本和风险。

期货交易是一种集中交易标准化远期合约的交易形式。交易双方在期货交易所通过买卖期货合约，根据合约规定的条款在未来某一特定时间和地点，以某一特定价格买卖某一特定量和质的商品交易行为。通过买卖农产品期货合约，可以回避农产品贸易现货价格风险。

（四）建立农产品技术标准质量体系

联合国《21 世纪议程》对环保法规和标准提出了严格的要求，社会公众对环境的重视程度空前提高，各发达国家都在不断提高进口产品的环境标准。要防范农产品贸易风险，就要积极参与国际标准化活动，积极采用国际标准和国外先进标准。国际标准是指国际标准化组织（ISO）和国际电工委员会（IEC）所制定和颁布的标准；国际标准化组织认可的其他国际组织制定的一些标准；以及其他一些国际组织制定的，得到国际公认的某些标准。先进标准是指国际上有权威的区域性标准、世界主要经济发达国家的国家标准和通行的团体标准，以及其他国际上先进的标准。要按照世界贸易组织协议中关于食品安全和动植物卫生健康标准的协议，加快农业质量标准的制订和修订工作。加快农业标准特别是主要农产品的内在品质、加工性能、分等分级、包装新鲜和安全卫生标准的制定和修订工作，使主要农产品的标准成龙配套，基本达到农产品生产的各个环节都有标准作为技术依据。同时，要充实、完善现有国家级、部级质检机构，优先考虑种子及农药、化肥、饲料、农机具等主要生产资料和粮、面、油等农产品检验的需要。地方检验、检测机构，要结合各地农业生产需要，以贴近农区、贴近生产单位、贴近用户为主要原则，进行完善。重点围绕“米袋子”工程和“菜篮子”工程，加强有关农药残留量、农机配件等的检验手段，以保证人身安全健康和农业生产，对一些重要的农业生产资料市场，要逐步建立商品质量监督机构，以确保农业商品质量。

(五)主要农产品贸易风险的防范与回避

1. 农产品贸易价格风险 价格是影响农产品国际竞争能力的重要因素，农产品贸易商需要对其波动风险加以有效的防范。

(1)合理制定合同中的价格条款 根据国际市场价格构成和市场动态，在拟定合同中的价格条款时合理制定农产品价格。在国际贸易中，农产品出口商可以相机采用不同的作价方法以控制价格风险。一是固定作价。为了避免将来价格上涨风险，或进口商毁约，出口商在运用此方法时，要对影响商品供求的各种因素作必要的分析，对价格形势做出科学判断。二是非固定作价。由于这种方法在签订合同时只规定了作价时间和作价方法，实际价格是在合同订立之后由进出口商双方确定的，因而风险最高。三是制定价格调整条款，有条件地调整合同价格。

(2)运用农产品期货市场套期保值来规避和分散价格风险 期货市场具有价格发现和规避风险的功能，科学、规范运作农产品期货市场，可以大大化解农产品贸易价格风险。套期保值是在农产品现货市场与期货市场之间建立起一种相互补偿、相互冲抵的机制。农产品进出口商运用套期保值功能时，可以根据贸易合同在进出口农产品现货的同时，在国际农产品期货市场进行反向操作，即买入或卖出同等数量、交割期大致相同的期货合约，通过期货市场获利来弥补国际现货交易中的价格变动所引起的损失。

2. 农产品贸易技术壁垒风险 现代社会是以科学和技术的迅速发展为特征的时代，这一时代的发展趋势是产品、产业结构的智能化、高级化，而且经济的全球化和市场的国际化能快速传导产品的供求信息。人们对产品需求更加多样化，更加重视产品对环境安全和身心健康的影响，各发达国家都在不断提高进口产品的环境技术标准，同时各发展中国家也竞相效仿，技术和环境方面的技术贸易壁垒已经严重影响着我国农产品的出口。各国在构筑技术贸易壁垒的同时仍然存在着潜在的商机，问题是如何越过日益加高的技术壁垒，防范这类贸易风险。

(1)积极研究有关农产品国际贸易的规范和惯例　在提高农产品质量的同时，应及时了解有关产品的国际分类标准、质量和包装要求，尽快制定和完善各类农产品在生产和销售中，有关环境及健康的技术标准和法规，从而控制技术贸易壁垒风险。尤其是在转基因产品方面，随着加大对农业领域的科技投入，转基因农产品必将走出国门，丰富农产品出口的贸易结构，提升农产品在国际市场上的竞争力。因而农产品出口商要注意到这一发展趋势，认真熟悉和应对在目前尚没有统一的有关转基因产品国际标准的情况下，一些国家所制订的单方面的标准。

(2)灵活实施农产品出口策略　农产品出口商应合理安排农产品贸易的地区结构，分散出口地区过于集中引起的进口国实施技术贸易壁垒所带来的风险。同时，在农产品出口商品结构和时间上，做到品种多样和时机的衔接，避免出口品种单调和时间集中，从而规避进口国实施技术贸易壁垒的风险。

3. 农产品贸易信用风险

(1)做好贸易客户的资信调查　充分调查对方贸易客户的资信，是避免贸易信用风险的直接手段，尽可能缩小出口商与进口商之间的信息不对称。但是，由于贸易商限于自身能力，难以直接收集有关新老客户的大量信息，并且搜寻机会成本高昂，因而农产品贸易商在寻求新客户、商订合同之前进行国际商务谈判的同时，可以通过专门的信息咨询公司或机构，如驻外使领馆、商务处、国际知名专业资信调查机构等，收集掌握未来贸易客户较全面的资信，如对方的合法注册资料或登记资料、银行往来、公司性质及构成、产权状况、公司经营历史及现状以及专业信用评估机构对该公司的信用评级等。在履行合同的过程中，贸易商的风险依然存在，对于出现的异常情况，资信调查仍不失为一种有效的防范手段，比如进口商突然要求改变付款方式或拖延付款，成交金额突然加大或要求放宽付款条件，提供非注册的实际办公或营业地址等。

(2)积极办理出口信用保险　出口信用保险是一国政府为了推动本国的出口贸易，保障出口企业的收汇安全，而制定的一项由国家财政提供保险准备金的非赢利性的政策性保险业务。农产品出口商可以在国家出口信用保险公司的短期出口信用保险业务内，选择办理相应的险种，以转嫁贸易信用风险，如短期出口信用保险业务中的统保保险，对于农产品出口商就是一个比较好的险种。出口商以付款交单、承兑交单或赊销等支付方式出口以后，当国外进口商出现破产或无力偿还债务，或拒绝受领货物并拒付货款，或拖欠货款而导致的出口收汇应收账款经济损失时，可以从出口信用保险公司获得补偿。

(3)运用国际保理获得风险保障　随着国际农产品市场的竞争加剧，农产品出口商必须在产品、价格、付款条件等方面具有综合竞争优势。对于出口商而言，采用非信用证付款条件的风险太高，但进口商却很乐意，为了达成交易而又能够安全收回货款，农产品出口商运用国际保理，可以获得由从事国际保理业务的保理商提供的收汇风险担保、资信调查、货款催收等综合财务服务，可以最大限度地转嫁风险。

三、利用农产品期货交易防范农产品贸易风险

农产品期货交易是回避和防范农产品贸易风险的主要工具之一，通过买卖农产品期货合约，可以回避农产品贸易现货价格风险。

(一)期货交易的基本概念

期货交易是指交易双方在期货交易所通过买卖期货合约，根据合约规定的条款在未来某一特定时间和地点，以某一特定价格买卖某一特定量和质商品的交易行为。

现货交易作为直接的商品货币交换，最终要进行实物交割，实现商品所有权的转移。而商品期货交易，作为一种集中交易标准化远期合约的交易形式，可以说是货币与货币的交换交易者大多不是为了实物交收，而是在合约到期、实物交收前，予以平仓、清盘、结算。

(二)期货交易的功能

1. 期货交易的第一个功能是风险转移 价格风险可以说是无处不在。在农产品市场上，干旱、洪水、战争、政治动乱、暴风雨等各种情况变化会传遍世界各地，并直接影响农产品的价格。激烈的市场竞争会导致价格在较短时期内大幅度波动。与供求相关的风险因素，还包括一些农产品收获的季节性和需求的季节性。由供求的不可预测所带来的潜在价格风险，是市场经济所固有的，也是买主和卖主无法抵御的。

转移、回避价格风险并不是说期货交易本身无价格风险。期货交易同现货交易一样，都是存在价格风险的，即对于一个期货交易者来说，期货价格上涨或下跌会使交易者获利或蒙受损失。作为期货市场主要功能之一的转移、回避价格风险，是指一种预防措施。它通过在期货市场与现货市场同时做方向相反而数量相同的交易，即在期货市场上买进或卖出、在现货市场上卖出或买进相同数量的商品，这样一来，如果现货市场上由于价格波动给交易者造成了损失，可以被期货市场的交易盈余抵补。所以转移、回避价格风险的功能也称为对冲效果。它是期货交易的基础功能。

例如，某大豆加工商按目前市场价格水平与某食品生产商达成协议，在6个月后由大豆加工商出售豆油给食品生产商。由于大豆加工商目前手中没有加工豆油的原料，6个月后如果大豆价格上涨，他的豆油销售利润将会减少。为回避价格可能上涨的风险，该大豆加工商在期货市场买进6个月后交货的大豆期货合约。5个半月后，当大豆加工商在现货交易购买大豆时，价格果然上涨。在此期间，大豆期货价格也已相应上涨，他可以卖出手中的大豆期货合约并从中获利，用期货市场的盈利补偿现货市场中较预期水平为高的大豆购买价格。由于在期货和现货市场上这一正一反两笔交易，可以使大豆加工商的价格风险减少或消失。

期货合约是通过交易所达成的一项具有法律约束力的协议。期货合约对农产品的买卖数量、预期交货时间和地点及产品质量都有统一的规定。事实上除了价格以外，期货合约的所有方面都有统一的规定。正因为如此，期货合约对于那些希望不受价格急剧变化影响的套期保值者来说是具有吸引力的。农产品生产易受不以人的意志为转移的气候条件的影响，风险性强，通过期货合约这个有用的工具，农民、粮食企业以至消费者都能对农产品市场做出较可靠的估测。

当然，期货合约除了套期保值的作用之外，还有风险投机的作用，各种风险程度不同的期货合约，可以为投资者提供盈利机会。例如，买卖农产品期货，以从预期的价格变化中牟取利益。

2. 期货市场的第二个功能是价格发现　在市场经济中，生产经营者根据市场提供的价格信号做出经营决策。价格信号的真实、准确程度，直接影响到他们经营决策的正确性，进而影响经营效益。

在期货市场产生以前，生产经营者主要是依据现货市场上的农产品价格进行决策，根据现货价格的变动来调整自身的经营方向和经营方式等。由于现货交易多是分散的，生产经营者不易及时收集到所需要的价格信息，即使收集到现货市场反馈的信息，这些信息也是零散和片面的，其准确、真实程度较低，对于未来供求关系变动的预测能力也比较差。当用现货市场的价格指导经营决策时，现货价格的滞后性往往会造成决策的失误。例如，长期以来，我国的粮食流通市场受到粮价低时卖粮难、高时买粮难的困扰，部分原因就是粮食生产经营单位缺乏以远期价格指导生产销售的机制。

自期货交易产生以来，发现价格功能逐渐成为期货市场的重要经济功能。所谓发现价格功能，指在一个公开、公平、高效、竞争的期货市场中，通过期货交易形成的期货价格，具有真实性、预期性、连续性和权威性的特点，能够比较真实地反映出未来农产品价格变动的趋势。

期货价格能比较准确、全面地反映真实的供给和需求情况及其变化趋势，对生产经营者有较强的指导作用。世界上很多生产经营者虽未涉足期货交易，也没有和期货市场发生直接关系，但他们都在利用期货交易所发现的价格和所传播的市场信息，来制定各自的生产经营决策。例如，生产商根据期货价格的变化来决定农产品的生产规模；在贸易谈判中，大宗农产品的成交价格，往往是以期货价格为依据来确定的。

（三）农产品期货价格

农产品期货价格是指期货合约在交易过程中形成的价格。由于期货合约到期后可用实货交割，所以，其价格形成的基础仍是合约商品的自身价格。一般而言，农产品期货价格的组成要素包括：农产品生产成本、农产品期货交易成本、期货商品的流通费用和预期利润等。

1. 农产品生产成本 农产品生产成本，是指生产某种进入期货市场交易的农产品所耗费的物质资料和劳动的价值之和。一般情况下，生产成本是形成农产品期货价格的最低界限，生产成本是决定各种农产品期货价格的基本因素。农产品生产成本与农产品期货价格构成一种正向的变动关系。

2. 农产品期货交易成本　农产品期货交易成本，是指农产品期货交易过程中发生的、为促使农产品期货流通、成交所必须支付的费用开支。它由农产品期货交易佣金、交易所管理费和保证金利息开支三部分组成。

3. 农产品期货商品的流通费用　实货交易是农产品期货交易开展的现实基础。农产品期货合约在到期时仍未完成对冲平仓，则必须进行实货交割。尽管期货市场中到期进行实货交割的比例很小，但它确实存在并时有发生。这样就发生了一个期货商品的流通费用问题。交易者在确定农产品期货价格时很注重流通费用因素。期货商品的流通费用，主要是农产品运杂费和农产品保管费。

4. 预期利润　预期利润，是指农产品期货合约成交价格与交易者在农产品期货市场，以相反立场对冲原交易部位的平仓价格，或实货交割时农产品现货市场价格之间的差额。交易者进行农产品期货交易的重要目标是获取一定的盈利。因此，在决定农产品期货价格时，盈利因素理所当然地会被考虑进去。

(四)套期保值

防范汇率变动风险是农产品期货交易的基本功能，而这一功能是通过在期货市场上进行套期保值操作来实现的。

1. 套期保值的含义　套期保值，是指农产品交易者在现货市场和期货市场上，同时或稍后一些时日(指期货市场交易晚于现货市场交易)就同种商品做数量相同、买卖方向相反的交易，即在现货市场买进(或卖出)某种商品的同时或稍后一些时日，在期货市场卖出(或买进)与现货市场品种相同、数量相同、交易方向相反的期货合约，以便在未来一定时期内通过买进（或卖出）相同的期货合约，来避免因现货市场价格波动所带来的实际价格损失。即以一个市场上的盈利抵消另一市场上的亏损，从而达到回避汇率变动风险的目的。

2. 套期保值的操作 套期保值分两种情况：第一种情况是买入套期保值。买入套期保值，是指农产品供应者在现货市场卖出农产品的同时，在期货市场买入同等数量的农产品期货，以防止在卖出后因价格上涨所带来的风险。另一种情况是卖出套期保值。卖出套期保值是农产品需求者在现货市场买进农产品的同时，在期货市场卖出同等数量的农产品期货，以防止买进农产品后因价格下跌所受到的损失。

（1）买入套期保值

案例 7月1日，大豆的现货价格为2 040元1吨，某农产品交易商对该价格比较满意。为了避免将来现货价格可能上升，导致购货成本提高，决定在某一商品交易所进行大豆期货交易。此时，大豆9月份期货合约的价格为2 010元1吨。该厂商于是在期货市场上买入10手9月份大豆合约。8月1日他在现货市场上以2 080元1吨的价格买入大豆100吨，同时在期货市场上以2 050元1吨卖出10手9月份大豆合约，对冲7月1日建立的头寸。交易情况如下。

现货市场 8月1日买入100吨大豆，价格2 080元1吨

期货市场 7月1日 大豆价格2 040元1吨。买入10手9月份大豆合约，价格2 010元1吨

8月1日卖出10手9月份大豆合约：价格2 050元1吨

套保结果 现货市场：1吨亏损40元

期货市场：1吨盈利40元

从该例中可以得出：第一，完整的买入套期保值同样涉及两笔

期货交易。第一笔为买入期货合约，第二笔为在现货市场买入现货的同时，在期货市场卖出对冲原先持有的头寸。第二，因为在期货市场上的交易顺序是先买后卖，所以该例是一个买入套期保值。第三，通过这一套期保值交易，虽然现货市场价格出现了对该厂商不利的变动，该交易商在现货市场损失 4 000 元(100×40)，但是在期货市场上的交易盈利 4 000 元，从而消除了价格不利变动的影响。如果该交易商不做买入套期保值交易，现货市场价格下跌，他可以得到更便宜的大豆，但是一旦现货市场价格上升，他就必须承担由此造成的损失。相反，他在期货市场上做了买入套期保值，虽然失去了获取现货市场价格有利变动的盈利，可同时也避免了现货市场价格不利变动的损失。因此可以说，买入套期保值规避了现货市场价格变动的风险。

(2) 卖出套期保值

案例　假设 7 月份，一家农场了解到大豆现货价格为 2 010 元 1 吨，该农场担心到 9 月份收获季节大豆价格下跌，从而减少收益。为避免将来价格下跌带来的风险，该农场决定在某一商品交易所进行大豆期货交易。假设期货价格与现货价格下跌幅度相同，交易情况如下。

现货市场　8 月 1 日卖出 100 吨大豆，价格 1 980 元 1 吨

期货市场　7 月 1 日大豆价格 2 010 元 1 吨。卖出 10 手 9 月份大豆合约，价格 2 050 元 1 吨

8 月 1 日买入 10 手 9 月份大豆合约，价格 2 020 元 1 吨

套保结果　现货市场：每吨亏损 30 元

期货市场：每吨盈利 30 元

从此例中可以看出：第一，完整的卖出套期保值，实际上涉及两笔期货交易。第一笔为卖出期货合约，第二笔为在现货市场卖出现货的同时，在期货市场买进对冲原先持有的头寸。第二，因为

在期货市场上的交易顺序是先卖后买，所以该例是一个卖出套期保值。第三，通过这一套期保值交易，虽然现货市场价格出现了对该农场不利的变动，价格每吨下跌了 30 元，因而少收入了 3 000 元；但是，在期货市场上的交易盈利了 3 000 元，从而消除了价格不利变动的影响。

进行套期保值，最大的目的是为了保值，是为了转移农产品的价格风险。因此，在进行套期保值操作时，必须严格遵循套期保值的四个基本原则，即：交易方向相反、交易种类相同、交易数量相等、交易月份相同。这样才能有效回避因农产品价格变动带来的风险。另外，农产品经营者还必须密切注意农产品现货市场和期货市场的行情，随时了解农产品的价格波动情况。

第七章　提高农产品质量是搞好农产品贸易的保障

一、农产品质量的含义和存在的主要问题

目前，对农产品的定义说法不一，按照国际通行和国内普遍认可的观点，农产品是指植物、动物、微生物产品及其直接加工品，包括食用和非食用两个方面。而平常说的农产品，大多指食用农产品。就质量安全而言，有三种说法：一是指质量和安全的组合。质量是指农产品的外观和内在品质，如营养成分，色香味和口感、加工性能等；安全是指农产品中含有的危害因素，如农药残留、兽药残留、重金属污染等对人、动植物和环境存在的危害和潜在危害。二是质量安全作为一个词组，是农产品安全、优质、营养要素的综合。三是狭义概念，指质量中的安全。

农产品质量与工业产品质量有所不同。首先，农产品是直接关系人们身体健康和生命安全的产品，农产品大部分是食品或食品原料，如果质量低劣，就会威胁人们的基本健康保障。其次，影响农产品质量的环境因素非常复杂，从大气、水、土壤等自然环境因素到对农产品的加工及流通过程随时都有被污染的可能。第三，农产品是人们的日用品，每天交易量极大，而在我国农产品生产又十分分散，因而难以加以有效的监控。

形成我国农产品质量问题的原因主要有三个方面。

(一)农业标准落后，体系不健全

近年来，我国在农业标准的制(修)订方面虽然做了大量工作，但仍存在许多问题：一是标准陈旧。国外的农产品标准每隔 2 年

或5年修订1次,我国10年以上的国家标准占37.7%,5～10年的国家标准占33.4%。二是许多标准中的技术指标落后,特别是农产品质量卫生安全方面的指标低,且项目不齐全,问题突出。如目前我国农产品质量标准中,仅有重金属、硝酸盐、亚硝酸盐和农药残留等指标,没有涉及甲醛等有害气体的含量指标,进口茶叶受检农药品种在欧盟、日本分别为62种和64种,而我国只规定了“六六六”、“滴滴涕”两项指标;我国现行的《食品卫生法》,对104种农药在粮食、水果、蔬菜等45种食品中规定了允许残留量,共291个指标,而CAC对176种农药在3 755种食品中规定了2 439项农药最高残留标准。三是标准的配套性和可操作性差。主要表现在农产品保鲜、贮藏、运输标准数量不足,农产品生产技术规范和操作规程太少,原则性较强;农产品生产的产前、产中、产后全过程质量控制技术标准空缺,目前我国农产品质量安全国家标准和行业标准,涵盖农业生产使用的农资品种不足40%;技术标准与相关法律法规衔接配套差。

(二)农业生产分散,难以按质量标准组织生产

我国有8亿农民,农业生产分散到千家万户,要使数量如此众多的农业生产者都按照统一的质量标准进行生产,是一件困难的工作。

(三)农业生产环境缺乏有效保护,污染情况比较严重

随着工业的不断发展,农业生产的水环境、土壤环境、大气环境都不同程度地遭到了污染。加上农业生产现场缺乏标准化的生产规范,在这种环境下生产的农产品很容易被污染。

农产品的污染从污染的途径和因素考虑,大体上可以分为物理性污染、化学性污染、生物性污染和本底性污染四种类型。

物理性污染是指由物理性因素对农产品质量安全产生的危

害。是由于在农产品收获或加工过程中操作不规范，不慎在农产品中混入有毒有害杂质，导致农产品受到污染。

化学性污染是指在生产、加工过程中，不合理使用化学合成物质，对农产品质量安全产生的危害。如使用禁用农药，过量、过频使用农药、兽药、渔药、添加剂等造成的有毒有害物质残留污染。

生物性污染是指自然界中各类生物性因素对农产品质量安全产生的危害，如致病性细菌、病毒以及毒素污染等，比如亚洲地区流行的禽流感就是病毒引起的。生物性危害具有较大的不确定性，控制难度大。

本底性污染是指农产品产地环境中的污染物对农产品质量安全产生的危害。主要包括产地环境中水、土、气的污染，如灌溉水、土壤、大气中的重金属超标等。

(四)法律不够完善，农产品的市场准入制度不健全

目前，很多地方缺乏严格的市场准入制度，导致一些农产品没有经过任何检验检疫，就直接上市。许多地方执法力度不够，给不法分子以可乘之机，包括生产、出售有毒有害农产品，生产、出售国家禁止使用或限制使用的畜用饲料、农药、添加剂、抗生素、除草剂等农用物资。

二、提高农产品质量的重要意义与作用

提高农产品质量，特别是农产食品的质量，保证农产品的安全消费，具有十分重要的意义。

(一)农产品质量是关乎人民身体健康的重要问题

中国有一句谚语："国以民为本、民以食为天、食以安为先"。食品安全是关系人类身体健康和国民体质的头等大事，绝不可掉

以轻心。因为日常生活中的食品，绝大多数都是来自农产品，所以农产品的质量直接关系到食品安全。农产品质量问题又常称为农产品质量安全问题。20 世纪 90 年代后期，我国农产品供求实现了总量基本平衡、丰年有余的历史性跨越，农业发展进入了新阶段。在稳定保障农产品数量供给的基础上，全面提高农产品质量安全水平，加快安全优质农产品发展，成为我国农业和农村经济发展的一项战略任务。

进入 21 世纪后我国城乡居民食物消费正在加快向安全、优质方向转变，农业也正朝着高产、优质、高效、生态、安全的方向加快发展。提高农产品的质量安全水平、科技含量和品牌竞争力，既是提高农业效益、增加农民收入的必要途径，也是保障食品消费安全、统筹城乡经济和社会协调发展的基本要求。但是从总体来看，我国食品安全，特别是农产品安全问题突出，食品质量与国际标准相比仍有很大差距。

1. 农业种植、养殖业的源头污染问题严重 农产品中普遍存在化肥、农药残留超标，海产品中甲醛超标，生猪饲料中大量使用"瘦肉精"、抗生素、性激素等对人体有害的物质。

2. 生产经营假冒伪劣甚至有毒、有害食品现象时有发生 近年来，国家质量监督总局对食品市场抽检结果显示，2000 年第四季度抽检 1 897 家企业的 63 类 2 331 种食品中，合格率为 75.8%；2001 年第一季度抽检 7 类 214 家企业中，食品合格率为 70.7%。

3. 食品中某些营养成分缺乏，难以达到国际标准 我国食品中普遍存在着钙、铁、维生素等营养物质缺乏，人均摄入的微量元素普遍偏低。由于农产品质量问题，严重威胁着人民的身体健康。近年来，一些食品生产企业不断被媒体曝光，一些地区也发生过较为严重的食物中毒和营养不良事件。可以说，当前，提高农产品质量是保护人民健康的首要措施。

(二)农产品质量是影响我国农产品进入国际市场的关键因素

与西方发达国家相比,我国农产品质量管理体系尚未建立,我国农产品质量还存在一些不足。因此,发达国家能够利用这些不足,比较容易地制订针对性较强的技术壁垒,来限制中国农产品输入,客观上使我国农产品出口容易受到外国技术壁垒的阻拦。同时,一些发达国家提出部分农产品进口条件之一,是出口国应具备质量认证体系和药物残留监控体系,而我国农产品质量认证体系和药物残留监控体系不够完善,这是影响农产品出口的一个重要因素。例如,2002 年 1 月,欧盟以我国出口的小龙虾含氯霉素超标为由,宣布全面禁止我国动物源产品进口,这不仅使我国水产品、畜产品、禽产品难以出口欧盟国家,而且使蜂蜜等与动物有关的产品也无法出口欧盟,中国共有 10 多亿美元的农产品无法进入欧盟市场。而日本对我国的蔬菜、水果、稻米等农产品实施技术壁垒。2002 年 1 月,日本实施"中国蔬菜检测强化月",对我国出口蔬菜实行每批检测,这些技术壁垒措施对我国农产品出口造成较大的不利影响。

国内食品安全质量标准与国际食品安全质量标准相差悬殊,导致食品出口总量不大。据有关资料统计:1999 年我国果树种植面积 860 万公顷,果品总产量为 6 222 万吨,居世界第一。出口水果 71.6 万吨,不足总产量的 2%,其中苹果在香港市场仅占 0.7%。而美国的水果出口量高达 75.2%。1998 年我国出口蔬菜 226 万吨,占总产量的 6.2%。小麦的蛋白质、赖氨酸含量较国外品种低 1%。玉米的直链淀粉含量小于 30%。

从根本上讲,破除国外技术壁垒,主要依靠农产品质量的提高。21 世纪,世界农产品贸易的一个重要特点,是消费者对农产品质量安全性的要求越来越高。近几年我国农产品出口贸易实践表明,以低价格数量型农产品出口,不仅不能支持我国农产品出口贸易额持续快速增长，而且经常地受到发达国家设置的技术壁垒、反倾销等限制。因而要将农产品的国际竞争力置于农产品质量提高的基础之上。

（三）生产高质量的农产品是提高农业经济效益的根本途径

在提高农产品质量问题上，有一些生产经营者存在认识上的误区。认为只有增加农产品的产量才能获得较高的收益，而提高质量不会增加经济效益。《全国农业和农村经济发展第十个五年计划》指出：切实转变农业增长方式。适应新阶段农业发展的要求，农业要由注重产量增长为主转到产量增长和质量提高并重，大力提高农产品质量和效益。把提高农产品质量放在突出位置，根据市场需求，进一步优化农产品品种结构，大力改善农产品品质，确保农产品质量安全，力争在“十五”期间我国农产品质量水平迈上一个新的台阶，满足城乡居民生活水平日益提高的需要，全面增强我国农产品的国际竞争力。

事实上，在农产品消费市场发生变化后，优质农产品就会卖出优价，而劣质农产品常常无人问津。例如，江西省从 2001 年起重点建设十大优质农产品生产基地。据估算，到 2005 年十大基地初步建成时，年产值可达 224 亿元，全省农民年增收 59.3 亿元，增加税利 13.44 亿元；到 2010 年十大基地完全建成时，年产值达 530 亿元，农民增收 88.5 亿元，增加税利 29.7 亿元，出口创汇可达 2 亿美元。

三、提高农产品质量的主要途径与方法

从我国目前实际出发，提高农产品质量要从宏观和微观两个方面做出努力。

(一)加强对农产品质量的管理

1. 要加强生产监管

(1)强化生产基地建设　在全国范围内分期分批创建一批无公害农产品生产基地、标准化生产综合示范区，加强动、植物无法定疫病区建设。

(2)净化产地环境　加大农产品产地环境的监测力度，严格控制工业"三废"和城市生活垃圾对农业生态环境的污染，重点解决化肥、农药、兽药、饲料添加剂等农用物资对农业生态环境和农产品的污染。

(3)严格农业投入品管理　按照国家法律法规，建立农用物资禁用、限用公告制度。强化农用物资市场的监督管理，严厉打击制售伪劣农用物资行为。

(4)推行标准化生产　加大无公害农产品生产技术标准和规范的实施力度，指导农产品生产者、经营者严格按照标准组织生产和加工，科学合理使用肥料、农药、兽药、饲料和饲料添加剂等农用物资，使用符合卫生标准的灌溉和养殖用水，加强动、植物病虫害的检疫、防疫工作，提高农产品分级、包装、保鲜、贮藏和加工业标准化水平。

(5)提高生产经营组织化程度　积极扶持和发展专业技术协会、流通协会等农村专业合作经济组织和经纪人队伍，通过公司加农户、协会加农户等多种专业化经营方式，促进农业专业化龙头企业带动农产品生产者按照市场需求调整农产品品种布局和结构，提高农产品生产规模化和组织化程度，提升农产品质量安全水平。

2. 推行市场准入制度

(1)建立监测制度　定期或不定期开展农产品产地环境、农用物资和农产品质量安全状况的监测，确保上市农产品质量安全符合国家有关标准和规范要求。坚持和完善全国农产品质量安全定点跟踪监测制度，深入开展以农药残留、兽药残留为重点的专项检查和整治活动。

(2)推广速测技术　在全国大中城市农产品生产基地、批发市场、农贸市场开展农药残留、兽药残留等有毒有害物质残留检测，推广速测技术，以适当方式公布检测结果，确保消费者的知情权和监督权。

(3)创建专销网点　在国家和省级定点农产品批发市场以及连锁超市，应积极推进安全优质认证农产品的专销区建设。对无公害农产品、绿色食品、有机食品认证和经检测合格的农产品实行专区销售。积极推进农产品和农用物资连锁经营和集中配送。

(4)实施标识管理　根据不同农产品的特点，积极推行产品分级包装上市和产地标识制度。对包装上市的农产品，要求标明产地和生产者(经营者)。凡列入农业转基因生物标识管理目录的产品，严格按照农业转基因生物标识管理规定，予以正确标识或标注。

(5)试行追溯和承诺制度　按照从生产到销售的每一个环节可相互追查的原则，建立农产品生产、经营记录制度，在全国范围内推行猪、牛、羊耳标管理，实现农产品质量安全的可追溯。在蔬菜、猪肉等“菜篮子”产品上推行“产地与销地”、“市场与基地”、“屠宰厂与养殖场”的对接与互认，建立农产品质量安全承诺制度。

3. 完善质量监督保障体系

(1)健全标准体系　根据农产品质量安全监管需要，按照产前、产中、产后标准相配套的原则，积极采用国际标准，及时清理和修订过时的农业国家、行业标准标准，抓紧制定急需的农产品质量安全标准。

(2)完善检验检测体系　组织实施农产品质量安全检验检测体系建设规划，积极引进先进的检测技术和设备，努力缩小与发达国家在检验检疫方面的差距。

(3)加快认证体系建设　加强农产品质量安全认证体系的建设,组建农产品质量安全认证机构,做好无公害农产品产地认定、产品认证和标识管理工作,在已开展的无公害农产品、绿色食品和有机食品、水产品、农机产品认证的基础上,积极推行 GAP(良好农业规范)、HACCP(危害分析与关键控制点)体系认证。

(4)加强技术研究和推广　加强农产品质量安全关键控制技术和综合配套技术的研究,加快农药残留、兽药残留等有毒有害物质快速检测仪器设备、方法的筛选比对和推广,抓好新品种、新技术、新产品的研究、开发、推广和技术服务工作。积极推广农产品产地环境净化技术。

(5)建立信息服务网络　将农产品质量安全信息作为农业市场信息体系的重要内容,及时向农产品生产、加工、经营和使用者提供农产品质量、安全、标准、品牌、市场等方面的信息。尽快建立农产品质量安全信息系统。

(二)提高生产经营者的质量意识,严把质量关

改善和提高农产品质量只有政府部门的努力还不够,因为农业生产的高度分散性,要求每一个生产经营者都要建立质量意识,自觉严把质量关,才能取得明显的成效。

1. 提高农业生产经营者的科技素质　农产品质量保障要求农业生产者必须有一定的科技素养。使广大农业生产者懂得要想使农产品具有竞争力,就必须不断采用新技术,特别是在大中城市郊区具有吸收先进的农业技术的有利条件,生产经营者应主动积极地学习最新技术,改善农产品的品质,以求用优质农产品供应市场。

2. 增强法制观念,树立诚信理念　农产品质量保障要求农业生产者必须克服狭隘的小农意识和自私观念,自觉遵守国家关于农产品质量方面的法律、法规;坚决依法进行生产经营活动,树立

诚信理念;视信誉为生命,以诚信闯市场。诚信往往是最好的品牌。在农产品质量上坚守诚信就会得到广大消费者的信任,最终会获得良好的经济效益。

金盾版图书，科学实用，通俗易懂，物美价廉，欢迎选购